4·16구술증언록 단원고 2학년 8반 제4권

그날을 말하다

우재 아빠 고영환

4·16구술증언록 단원고 2학년 8반 제4권

그날을 말하다

우재 아빠 고영환

4·16기억저장소 기획 편집
(사) 4·16세월호참사가족협의회 지원 협조

일러두기

1. 음절로 식별 가능한 소리를 들리는 대로 전사하는 것을 원칙으로 한다.

2. 의미를 파악하기 위해 추가 설명이 필요할 경우 [ ]로 표시한다.

3. 몸짓, 어조 등 비언어적 행위는 ( )로 표시한다.

4. 구술자가 말을 잇지 못해 말줄임표를 사용하는 경우 ……, …로 길고 짧음을 표시한다.

5. 비공개 영역은 〈비공개〉로 표시한다.

6. 비공개해야 하는 희생자 형제자매의 이름은 ○○, △△ 등의 도형기호로, 생존자의 이름은 A, B, C 등 알파
   벳 대문자로 표시한다.

7. 비공개해야 하는 제3자는 직분이나 소속, 성만 공개하고, 이름은 ××로 표시한다. 비공개해야 하는 숫자는
   자릿수에 상관없이 □로 표시하며, 지명은 □□로 표시한다.

4·16기억저장소에서는 세월호 참사 5주기를 맞아 구술증언 수집 사업의 결과물 일부를 100권의 책으로 발간하게 되었습니다. 이 사업은 2015년 6월부터 다양한 학문 분야 구술 연구자들의 자발적인 참여로 진행되어 왔으며, 세월호 참사를 좀 더 정확하고 다각적으로 기록하고 기억하고자 하는 노력의 일환으로 수행되었습니다.

2014년 참사 발생 이후, 참사 피해자들의 목격담과 경험은 안타깝게도 공식적인 국가기관과 언론의 기록 속에서 철저히 소외되거나 왜곡되었습니다. 그것은 세월호 참사가 우리에게 안긴 죽음과 고통의 충격만큼이나 우리 사회의 끔찍한 비극이었습니다. 따라서 사업을 진행하면서 세월호 참사 희생자 가족, 생존자, 생존자 가족, 어민, 잠수사, 활동가, 기자 등등, 참사의 초기 과정을 직접 경험한 분들의 증언을 우선적으로 수집했습니다. 구술자는 이 사업의 취지와 방식에 개인적으로 동의한 분 중에서 선정했으며, 참여 과정에 어떠한 금전적 보상이나 이익이 제공되지 않았습니다. 또한 구술증언 수집 사업을 진행하는 동안, 면담자는 연구자이자 참사를 겪은 공동체 시민으로서 최대한 윤리적이고자 노력했습니다.

구술자마다 매회 약 2시간씩 3회를 원칙으로 음성 녹취와 영상 촬영을 하는 방식으로 진행되었고, 증언의 일관성을 확보하기 위해 면담자는 큰 틀에서 공통 질문지를 사용했습니다. 공통 질문지의 내용은 참사와 구술자 간의 관계성에 따라 차이가 있지만, 유가족 구술의 경우 1회차 '참사 이전의 삶, 팽목항과 진도에서의 경험, 자녀에 대한 기억'을, 2회차 '참사 이후 투쟁과 공동체 활동 경험'을, 3회차 '참사 이후 개인 및 가족이 경험한 삶의 변화와 깨달음, 자녀의 현재적 의미'를 중심으로 했습니다. 이처럼 증언 내용은 참사 이전에서 시작해 참사 발생 당시의 경험과 이후의 변화 과정까지 폭넓게 수집했고, 면담자는 구술 채록 과정에서 구술자의 발화를 최대한 존중하고자 했으며, 무엇보다 각자의 특수한 경험과 다른 시각을 충실히 반영하고자 했습니다.

이 구술증언록의 발간을 위해, 채록된 음성 자료는 문서로 변환해 구술자와 함께 검토했고, 현재 시점에서 공개할 수 있는 영역과 할 수 없는 영역으로 구별했습니다. 따라서 책에 실린 내용은 모두 구술자로부터 공개를 허락받은 부분입니다. 비공개 영역은 추후 구술자의 동의를 받아 적절한 절차를 거쳐 추가로 공개될 수 있으리라 생각합니다.

이 구술증언록 100권에는 그동안 우리 사회에 왜곡되어 알려지거나 잘 알려지지 않았던, 참사 발생 직후 팽목항과 진도 혹은 바다에서의 초기 상황에 관한 중요한 증언이 포함되어 있습니다. 또한, 자녀를 잃는 잔인하고 애통한 상황을 겪으면서도 그 누구보다 강인한 정치적 주체로 성장할 수밖에 없었던 유가족의 마음과 경험을 구체적으로, 그리고 여러 각도에서 살펴볼 수 있습니다. 그 외에도, 이 구술증언록은 2014년을 전후한 한국 사회의 여러 측면을 드러내는 귀중한 자료가 되리라고 생각합니다. 무엇보다 국내외의 많은 분이 이 책을 읽어, 장차 세월호 참사의 진상 규명과 역사 서술에 기여할 수 있기를 바랍니다.

구술증언 수집 사업이 진행되고, 책으로 출간되기까지 많은 분의 도움과 지지가 있었습니다. 이 지면을 빌려 부족하나마 감사의 말씀을 전하고자 합니다.

먼저 (사)4·16세월호참사가족협의회와 4·16기억저장소에 감사를 드립니다. 이분들의 신뢰와 적극적인 협조가 없었다면, 이 사업은 처음부터 시작할 수조차 없었을 것입니다. 또한 어려운 정치 환경 속에서도 사업의 취지에 공감해 재정 지원을 결정해 준 아름다운가게와 역사문제연구소에 감사드립니다. 두 단체 덕분에, 이 사업을 4년 동안 계속해 올 수 있었습니다. 그리고 구술증언록 100권의 발간에 동의하고, 바쁜 일정에도 출판 실무를 기꺼이 맡아주신 한울엠플러스(주)에도 감사를 드립니다. 이 외에도 많은 개인과 단체가 직간접적으로 많은 도움을 주시고 격려해 주셨습니다. 여기에 모두 밝히지 못하는 것을 죄송하게 생각합니다.

　말할 필요도 없이, 가장 크고 또 가슴 아픈 감사는 구술자 한 분한 분께 드리고자 합니다. 이 책이 발간될 수 있었던 것은, 무엇보다 용기를 내어 아픔과 고통의 기억을 다시 떠올리고 장시간 진심으로 이야기를 해주신 구술자가 있었기 때문입니다. 오랜 시간 이야기를 나누며 함께 공감하기도 했지만, 그 아픔과 고통을 어떻게 가늠할 수 있을까 싶습니다. 더 큰 도움이 되지 못함을 안타까워하며, 이 구술증언록 100권의 발간이 피해자분들에게 조금이라도 위로가 될 수 있기를 기원합니다.

2019년 4월
4·16기억저장소 구술팀 책임자
서울대학교 인류학과 교수 이현정

차례

■ 1회차 ■

17
1. 시작 인사말

17
2. 4·16 이전의 직장생활과 기술자의 삶

25
3. 4·16 이전의 가족생활

34
4. 이혼 후 우재와의 관계

43
5. 참사 직후 진도의 상황

48
6. 진도에서 가족들이 겪은 경험

58
7. 아이들이 올라온 팽목항

62
8. 우재를 찾은 후의 상황

70
9. 장례 전후의 기억

<u>79</u>
10. 안산 가족대책위 참여와 초기 분향소 활동

<u>87</u>
11. 보상 처리 과정

■ 2회차 ■

<u>95</u>
1. 시작 인사말

<u>95</u>
2. 참사 후 분향소 설치와 초기 상황

<u>105</u>
3. KBS 항의 방문과 청와대를 향한 시위

<u>110</u>
4. 국정조사 요구와 버스 투어 활동

<u>115</u>
5. 국회 농성에 대한 기억

<u>121</u>
6. 특별법 제정 국면의 간담회 활동과 팽목항 상황

<u>125</u>
7. 수색 중단 전 팽목항의 상황

<u>129</u>
8. 팽목항에 상주하게 된 과정

<u>135</u>
9. 진도 팽목항에서의 생활

<u>140</u>
10. 사단법인 설립에 대한 평가

<u>144</u>
11. 인양 시작 후의 변화

■ 3회차 ■

<u>151</u>
1. 시작 인사말

<u>151</u>
2. 수색 중단 후 팽목항의 상황

<u>153</u>
3. 미수습자 가족들과 함께한 팽목항 생활

<u>157</u>
4. 팽목항에서의 갈등

<u>163</u>
5. 경찰의 움직임에 대한 생각

<u>165</u>
6. 팽목에 있던 가족들의 이동

<u>167</u>
7. 팽목 분향소 관리와 유지

<u>172</u>
8. 팽목항 개발 계획과 기억관 조성 움직임

<u>176</u>
9. 팽목항 기억관 조성을 위한 모임 결성과 활동 시작

<u>180</u>
10. 참사 전후 생각의 변화

<u>186</u>
11. 활동을 유지해 주는 힘

<u>190</u>
12. 우재의 의미와 앞으로의 고민

우재 아빠 고영환

구술자 고영환은 단원고 2학년 8반 고 고우재의 아빠다. 꿈에서나마 먼저 떠난 아들을 만나고픈 아빠는 이혼으로 인해 아이들을 잘 돌보지 못한 미안함에 팽목항을 쉽사리 떠나지 못했다. 아빠는 가족을 찾지 못해 애태우고 있는 미수습자 가족들의 아픔을 함께하며 아직도 모두가 떠난 팽목항을 홀로 지키고 있다.

고영환의 구술 면담은 2019년 2월 10일, 11일, 3회에 걸쳐 총 6시간 동안 진행되었다. 면담자는 김익한, 촬영자는 강재성이었다.

구술자 본인의 프라이버시나 제3자의 프라이버시를 보호해야 할 부분을 제외하고는 구술자의 발화를 있는 그대로 전사했다.

1회차

2019년 2월 10일

1 시작 인사말

2 4·16 이전의 직장생활과 기술자의 삶

3 4·16 이전의 가족생활

4 이혼 후 우재와의 관계

5 참사 직후 진도의 상황

6 진도에서 가족들이 겪은 경험

7 아이들이 올라온 팽목항

8 우재를 찾은 후의 상황

9 장례 전후의 기억

10 안산 가족대책위 참여와 초기 분향소 활동

11 보상 처리 과정

시작 인사말

면담자　　본 구술증언은 4·16 사건에 대한 참여자들의 경험과 기억을 기록으로 남김으로써 이후 진상 규명 및 역사 기술에 기여하고자 합니다. 지금부터 고영환 씨의 증언을 시작하겠습니다. 오늘은 2019년 2월 10일이며, 장소는 안산시 단원구 4·16기억교실 3층 교육실입니다. 면담자는 김익한이며, 촬영자는 강재성입니다.

아버님, 정말 오랜만에 뵙는데 팽목에서 쭉 계시는 분을 이렇게 올라오시게 해서 구술을 하게 됐습니다. 우선 감사 말씀을 드립니다. 저희가 1, 2, 3차에 걸쳐서 구술을 하는데, 1차는 주로 아버님이 어떤 분인지와, 어떻게 참사를 맞았고 그 후 우재 장례를 어떻게 치렀고 등의 이야기를 주로 하고요. 그다음 2차에서는 장례 후의 투쟁 과정들에 대한 이야기를 많이 할 텐데요. 특히 아버님은 2014년 11월 이후 팽목에 거의 상주하시다시피 한 상황에서 팽목 등에서 보신 경험들에 대해서 좀 많이 여쭙겠습니다. 3차는, 2차에서 못 한 얘기와, 이 참사 이후에 아버님의 생각의 변화라든지 그리고 앞으로의 삶에 대한 아버님의 생각들을 여쭙겠습니다.

4·16 이전의 직장생활과 기술자의 삶

면담자　　우재 아버님께서는 어디서 태어나셨고 어떤 어린 시절을 보내셨어요?

우재 아빠   태어난 거는 어쨌든 서울이라고 해야 되나, 전라도라고 해야 될지 모르겠는데요. 어릴 때는 전라도에서 컸어요.

면담자   전라도 어디예요?

우재 아빠   부안이요. 그리고 학교 때문에 서울로 온 것 같아요. 어릴 때의 기억은 시골에서 있던 거, 할머니 밑에서 컸던 거 같기도 하고. 근데 어느 날 우리 집 주소를 딱 봤더니 본적지가 다 똑같아요, 저희 집은. 아버지, 어머니, 우리 식구들 전체가 다 똑같아요. 논하고 땅 다 팔아갖고 서울로 본적지도 싹 바꿔갖고 온 것 같아요. 전라도라는 그게 취직 문제가 많고 전라도 자체로도 싫어했잖아요. 그래서 아버지가 돈 다 쓰셔서 온 거 같아요. 그래서 저희 집 본적지는 청량리 95번지입니다. 엄마도 그렇고 형이나 여동생도 그렇고 다 똑같이.

면담자   한국 사회에서의 출신 도에 대한 차별 문화를 정말 절절하게 느낄 수 있는 그런 경우군요.

우재 아빠   아버지가 많이 느끼셨나 봐요, 그거를. 군에 가서도 그랬던 것 같고, 그래서 그걸 싹 바꾸셨더라고요. 저는 그냥 서울이에요. "고향 어디냐?" 그러면 제가 "서울"이라고 하죠. 본적지가 거기로 돼 있으니까.

면담자   그러면 초등, 중등, 고등학교 전부 서울에서 나오셨을 텐데. (우재 아빠 : 그렇죠) 초등학교 때는 어떤 아이셨어요? 예를 들어서 내성적이라든지 외향적이라든지, 친구들이랑 쌈박질 많이 한다든지, 공부를 잘했는지 못했는지 이런 이야기요.

우재 아빠   성격은 뭐, 내성적이었던 것 같고, 이렇게 잘 어울릴 수 있는, 친구들하고 그렇게 못 어울리는 건 아니었는데, 그냥 무난했던 것 같아요. 중학교 올라가면서도 약간의 좀 뭐라 그래야 되나, 나쁜 짓도 좀 하고? 그랬던 생활(웃음). 고등학교 올라갔을 때는, 제가 천호동에서 학교를 다녔어요. 그래 가지고 공부를 떠나서 운동을 하게 되어서 태권도부에 들어서 선수 생활을 하게 되고, 졸업을 하고 나서 그러니까 한 4년간은 태권도 선수 생활을 했죠. 대학을 가려고 했는데 대학 갈 필요가 없을 것 같은 생각도 많이 들고 해서 대학은 포기를 하고 이제 바로 취직을 하려고 했었죠.

근데 그 당시 이제 운동을 하다 보니까 무릎도 많이 안 좋아지고 해서 운동을 못 할 것 같아서 제가 어머니 아시는 분 소개로 스테인리스 회사를 가요. 남일금속인가? 스테인리스 만드는 회사를 다니는 건 아니고 스테인리스 만들고 광을 내는 게 있어요. 근데 그걸 전부 다 일본에서 수입을 해오더라고요. 근데 한국에 있던 분이 개발을 해서 특허를 내고 제가 그 밑에 가서 그걸 배우게 되죠. 그러다가 군대를 갔고, 다시 제대를 하고 그걸 다시 배우러 가려고 했는데, 막상 이제 그 당시 어릴 때는 그게 배우면 좋을 거란 생각을 하고 딱 갔다가 제대를 하고 왔는데 이건 아닌 거 같아요.

그리고 있다가 태림포장이라는 데로 오게 됐죠, 시화로. 안산에, 아니 처음에는 안산에 있었으니까. 안산에 와서 태림포장이라는 회사에 들어갔는데 이 회사가 처음 공사를 시작을 해요, 옛날에는 조그만 회사였으니까. 시화에 땅을 사고 공사를 하기 시작하는데, 노가다 판이랄까 그런 데가 딱 생기니까 부사장님도 가 있어야 되고 막 이렇게 하다 보니 여직원들도 있고 하는데, 노가다 판의 그 약간 노림이 좀만 느껴져도 삽 들고 오고, 도끼 들고 들어오고 그래서 보디가드로 들어 갔어요, 처음엔.

면담자   태림에 처음에 들어가시기는 보디가드로 들어가셨군요.

우재 아빠   네, 보디가드식으로 들어간 거죠, 뭐 일을 하러 가라고 는 하는데.

면담자   더군다나 태권도 선수셨으니까.

우재 아빠   딱 가자마자 말뚝 하나 딱 박혀 있고, 버스 하나 딱 있고, 여기서 일을 하라는데, "뭔 일을 하냐?" 그랬더니 "여기 부사장님하고 여기 기사분들하고 잘 보살피고 있으면 된다" 그래 갖고, 노가다 뛰시 는 나이 드신 아버지뻘 되시는 분들, 그분들하고 같이 생활하게 된 거 죠, 이제.

면담자   20대 전반기에 시화공단에 있는 태림으로 오신 거네요. 그러니까 안산에 90년 정도에 올라오시게 된 거고 (우재 아빠: 그렇죠) 고등학교 때 선수 생활 하려면 꽤 높은 유단자였을 것 같아요. 뭐, 한 3, 4단?

우재 아빠   뭐, 단은 그렇게 중요치 않고요, 선수 생활은 1단부터 할 수도 있는 거니까, 이런 체육관에서 배우는 거랑 전혀 틀린[다른] 그 런 발차기고 하다 보니까. 그렇지만 고생은 많이 했죠, 많이도 맞고.

면담자   그게 아마 4단인가 이상을 따면 또 태권도 사범으로 경제활동이 가능하잖아요?

우재 아빠   뭐, 그런 것도 할 수는 있죠.

면담자   근데 그거보다 회사생활이 (우재 아빠 : 훨씬 낫다) 눈에 들어왔다, 이렇게 말씀하시는 거네요?

우재 아빠   그렇죠, 기술적으로 배우는 게 나을 것 같고. 어차피 고등학교 때 전공은 전자학과인데, 전자는 그 당시 우리가 전자 배울 때는 유일하게 배웠던 게 새한배출기예요. 옛날에 연탄 많이 쓰고 할 때니까 새한배출기 뭐 그런 데, 회사로 나가면 그런 데 갔었는데, 저는 혼자 나가갖고 다른 데를 갔어요. 근데 어떻게 가다 보니까 무슨 필름, 왜 인쇄돼 갖고 포장지 만드는, 빵, 과자 같은 거 그런 봉지 회사에 들어갔어요, 제가. 근데 그게 어찌 보면 태림에 오게 된 계기가 될 수도 있었던 것 같아요. 생전 처음 보는 기계였고 이상하게 인쇄해 갖고 봉지를 찍어갖고 거기다 과자 담아서 나가는 데니까 '아, 이런 것도 있었구나' 하고 있었는데, 그런 거 하다가 군대를 갔다 와서 보니까 '아, 이것도 괜찮다' 그래서 이제 태림에 들어오게 된 거죠.

면담자   안산에 오셨을 때는 그러면 댁이 저쪽 천호동이나 이런 쪽이었나요?

우재 아빠   아니죠, 집은 서울 고대 앞에 제기동이었어요.

면담자   그럼 제기동에서 시화까지 왔다 갔다 하신 거예요?

우재 아빠   기숙사가 있었으니까 (면담자 : 아, 기숙사) 네, 기숙사에서 숙소 제공해 주고 일을 하고 그랬죠.

면담자　　그러면 그때 목표는 태림에서 잘 커서 간부도 되고, 이런 생각을 하셨어요?

우재 아빠　　글쎄, 뭐 20대 때는 뭐 잘하겠다 이런 게 아니라 뭔가 배워야 되는 상황이었다 보니까, 처음에 딱 들어왔을 때는 무슨 회사인지도 모르고 박스 회사니까 박스만 볼 줄 알았는데, 오자마자 느닷없이 노가다 판에 뛰어든 거잖아요. 생전 해보지 않은 노가다를 배우기 시작하는데, 남들이 말하는 짐 지고 이런 게 아니라 건축 기술이죠. 레벨 보고 바닥 지평 빼고 울타리 친다든지 이런 건물을 짓는 거죠. 그래서 그거까지 배우다 보니까 재밌더라고요, 이게. 그러다 보니까 회사 건물 짓게 되고, 그리고 또 안에다가 남들이 안 하는 기계 레일을 깔아야 되니까 그게 되게 또 복잡해요. 파일 받고, 다 받고 거기 다 도면 보면서, 도면도 볼 줄 알아야 되고 하다 보니까 노가다를 처음에 배우기 시작했어요. 노가다를 배우다가 보니까 상도[上塗]도 배워야 되고 용접도 배우게 되고, 이렇게 되더라고요. 이렇게 한 4년을 하다 보니까 이제 회사로 들어와도 되는데, 공사가 끝났으니까, 들어왔다가 기계 쪽도 한번 보고 뭐 여기서 일하려는데, 맨 처음에는 총무과로 가라고 그랬는데 몸 움직이는 거 하다가 사무실로 들어가려니 너무 빡빡한 것 같아요. 그래서 "아, 총무과는 안 가고 그냥 현장 가겠다" 그래서 이제 기계 쪽으로 처음 갔죠. 근데 이게 또 적응[적성]이 잘 맞더라고요, 금방 배웠고.

면담자　　아버님이 처음부터 기술들을 가지고 사회생활을 시작한 건 아니지만, 입사를 하면서 여러 기술들을 배울 수 있는 기회를 20대에 가졌던 거네요. 만만치 않은 경험인데, 그때 습득한 기술들이 이후 아버님 삶에 영향을 미쳤겠어요.

우재 아빠   그렇죠. 그때 그러니까 뭔가를 배우면 잘해야 되잖아
요. 그거 한 가지만 또 계속하는 거예요. 용접을 하더라도 어떻게든
배우려고 옆에 가서 보다가 욕도 먹고, 좀 가르쳐달라고 [해도] 진짜
그렇게 안 가르쳐주더라고요, 그 사람들은. 가서 물어보고, 안 가르쳐
주면 가서 술 한잔 사주면서까지 그렇게 배웠으니까. 그렇게 배우다
보니까 나중에는 다 제 거가 되더라고요. 그게 이제 하나 배우고, 하
나하나 배우다 보니까 노가다 판을 어느 정도 습득을 한 거죠. 노가다
에서 할 수 있는 모든 것들은 하고 딱 넘어갔다가 회사로 들어갔을 때
는 기계로 넘어갔죠. 기계를 한 번도 해본 적이 없고, 버튼이고 하니
까, 근데 그것도 이제 한 달 정도 배우니까 할 만하더라고요.

면담자   그러니까 태림에서 설치한 포장과 관련된 여러 가지 기
계들을 이해하고 고장 나면 고칠 수도 있고, 이런 능력을 키우신 거
네요.

우재 아빠   네, 우리 회사에 이제 원지라고, 원지 이렇게 말려 있는
거 보셨죠? 두루마리 화장지처럼. 근데 그렇게 만드는 기계가 두 대
가 있어요. 그러고 요거를 갖고 가서 박스를 만드는 게 이제 가공이
죠. 기계가 10대가 있어요. 박스 가공이 되면 인쇄하고 하잖아요. 인
쇄하고 모양 만들고 포장하고, 아니면 저기 철 박아가지고 나가기도
하고… 그냥 하나하나 배우다 보니까 이 회사 안에 있는 기계를 다 돌
았어요. 싹 돌다 보니까 이제 다 돌릴 줄 알게 된 거죠, 어느 순간에
는. 그러다가 이제 세월이 바뀌면서 업그레이드된 기계들이 들어와

요. 우리, 뭐라 그래야 되나 (물건을 집으며) 이런 건 일반 인쇄로 뜨는 건데, 소주[병]에 보면 여자들 얼굴 있잖아요. 그런 얼굴들은 이제 입체로 찍어야 되니까 그런 기계가 들어와요, 저희한테. 근데 운이 좋아서 또 그 기계를 맡아서 배우게 되고 하다 보니까 회사에서 인기가 좀 좋아졌었죠. 근데 성질이 좀, 아부 체질이 못 돼놓아서(웃음) 그게 좀 문제였지. 이거 좀 해달라 그러면 원칙대로 하려[고] 그랬던 거고, 오더가 내려오면 순번대로 해야 되는데 중간에 과장들이 와서 내 거 먼저 해달라, 이런 식으로 급한 것도 아닌데 급한 것처럼 막 이러면 성질내고 뭐 하고, 그런 거 때문에 트러블이 좀 많았죠.

면담자 태림포장에는 언제까지 계셨어요?

우재 아빠 90년부터 지금까지요.

면담자 아, 그러면 참사 일어나기 전까지 젊은 시절부터 한 직장만 계속 다니신 거네요. (우재 아빠 : 네) 안산에서 꽤 안정적인 회사 생활을 하신 거네요.

우재 아빠 그렇게 기계를 배우고 다니다 보면 이제 돌릴 줄 알다 보니까, 고장이 나면 그 전에 공무과들이 오잖아요. 고쳐주고 하면, 그 고치는 것도 내 눈에 자꾸 보고 하다 보니까 이제 안 부르고 내가 고치게 되고, 그것도 재밌더라고요, 또. 뭐를 교체를 하고, 뭐 하고 하면 일단 공무과를 불러야 되는 상황이었었는데, "오라" 그러면 또 제대로 안 오고 하면 짜증 나죠. 그러면 "오지 마, 그럼 내가 할게" 하고 내가 뜯어보기 시작하고, 그럼 나 뜯고 있다 그러면 와서 같이 하고 하다 보니까 이제 수리도 가능하게 됐어요. 그러다가 어느 순간에 공무과에서 "너 공무로 와라, 그냥" 이래 갖고 이제 공무과로 가게 되죠. 그러면서 이제 각 지방에 기계 놓으러 다니고. 저희 회사가 처음에 안산에 있다가 시화로 넘어가면서 본사가 하나 생기고 지점이 16개인가 돼요, 13개인가?

면담자   지방 지사가요? (우재 아빠 : 네) 공무와 관련된, 수리라든지 이런 일을 직접 가서 하나요?

우재 아빠   저희는 지방으로 가서 또 기계 놔줘야 돼요, 한 달이고 보름이고 가서. 그렇게 하다가, 그러다 보니까 자꾸 떠돌아다니게 되는 거죠, 본사에 있다가도 하기도 하고. 그리고 가끔 회사 기숙사 있잖아요. "기숙사 뭐 고쳐야 된다" 그러면 거의 맡아서 다 했던 것 같아요, 여직원 기숙사까지 해서.

면담자   그러면 90년대 전반기부터 참사 일어나기 전까지 20년에서 25년 정도 근속을 하신 거네요?

우재 아빠   네.

3
4·16 이전의 가족생활

면담자   그러면 결혼은 언제 하셨어요?

우재 아빠   결혼이요? 내가 29살 때 했으니까.

면담자   그러면 시화에서 근무하시다가 우재 엄마를 만난 거네요? (우재 아빠 : 네) 그냥 우연히 만났어요?

우재 아빠   아니, 이제 사무실에 갔는데 앉아 있더라고요. 그래서 처다봤죠. 근데 저기를 꼬셔야 되는데 말도 하기도 그렇고, 지나가면서 슬쩍 봐도 그냥 얼굴만 보고 인사말 정도 했으니까. 근데 그 옆에 있던 동생이, 다른 여직원이 하나 있었는데 걔랑은 좀 친했어요. 고민을 많이 했죠, 이제. '저걸 어떻게 꼬실까?' 하다가 "방송대를 가자" 그래 갖고 방송대를 갔어요. 그래 갖고 1학년 딱 되고, 2학년 올라가면서 학교에 여직원들 포섭을 했어요, "방송대를 가라"고. 그래 갖고 꼬시다가 이제 같이 말도 하게 되면서 볼링 클럽을 만들게 되죠, 우리 회사에서. 볼링 클럽 만들면서 완전 내 거 만들 때까지 하고 그랬던 것 같아요.

면담자   그래서 스물아홉 됐을 때 우재 엄마랑 결혼을 하고. 그러면 우재가 몇 년생이죠? (우재 아빠 : [19]97년생) 97년이니까 결혼하고 곧 우재를 낳은 거네요?

우재 아빠   네, 임신 4개월 때 됐을 때 결혼했을 거예요 아마. 급하게 하는 바람에 12월 말에 했어요.

면담자   그런데 현재는, 그 이후 우여곡절도 여쭤보겠습니다만, 우재 엄마랑 헤어진 상태니까, 처음에 만났을 때는 우재 아빠가 엄청 공을 들여가지고 사랑을 많이 해서 결혼하신 케이스네요.

우재 아빠   그렇죠, 많이 했죠. 많이 좋아 갖고 내가 많이 [좋아]하고.

면담자   아니 뭐가 그렇게 좋았어요, 우재 엄마가? 예뻤어요, 마음이 착했어요?

우재 아빠   예쁜 건 아니었는데, 그냥 좋았어요.

면담자   예쁜 건 아니었는데, 이런 말씀은 조심하셔야 됩니다
(웃음).

우재 아빠   아, 괜찮아요(웃음). 그냥 예뻤던 것 같고, 예뻤던 것 같
아요. 예뻐서 그냥 좋았던 것 같아요. 근데 좀 말을 잘 안 하더라고요.
그래 갖고 결정적으로 했던 거는, 꽃을 만들었죠.

면담자   우재 엄마가요? (우재 아빠 : 제가요) 손으로?

우재 아빠   네, 꽃을 전화선으로 만들었어요. 그 당시 회사에 들어
오는 전화선 이만한 케이스 안에 200P짜리가 들어가요. 그걸 다 꼬아
갖고 나무를 만들어서 가지를 만들고 그럼 딱 100개의 전구가 돼요.
거기서 이제 다 또 선 찾아갖고 다 연결해 갖고 화분에 꽂아서, 그 당
시 110볼트라 어댑터 하나 꽂아 넣고 해서 백년해로하자고 내가 꽃을
주죠.

면담자   그게 프러포즈?

우재 아빠   네. 아파트 단지 밑에 내려가서, 기숙사 가서.

면담자   (감탄하며) 아니, 덩치는 산만 한 사람이 어떻게 그렇게
로맨틱한….

우재 아빠   할 수 있는 게 있잖아요. 그게 특별한 거 뭔가를 해줘야
될 것 같은 생각이 딱 들더라고요. 그래서 막 찾다 보니까, 뭘 할까 하

다 보니까 딱 그게 보이더라고. 그래서 아, 그거 하는 데 한 달 넘게 걸렸어요, 그거 일일이 선 다 찾아갖고 다 풀어갖고. 죽는 줄 알았어요, 나무 만들어야 되지, 꽃 해야 되지.

면담자   여기서 그냥 여쭤보는 게 나을 거 같은데, 그렇게 참 애를 써서 우재 엄마와 결혼해서 우재 낳고, 어쩌다가 결국은 이혼을 하시게 된 거예요? 언제쯤 했어요?

우재 아빠   우재가 초등학교 3학년, 4학년 때인가?

면담자   초등학교 3, 4학년 때. 그러면 결혼하고 한 10년쯤 돼서네요? (우재 아빠 : 그렇죠) 이혼은 어떻게 하게 되신 거예요?

우재 아빠   그때 당시에 그, 뭐야, 보증이란 걸 몰랐어요. 회사에 있는 내 친구 놈이 "급여통장 좀 달라"고 하더라고요. "왜?" 그랬더니 "아니, 돈 좀 잘 들어오나 보게" 그래서 아무 생각 없이 줬다고. 어느날 딱 들어왔더니 "이게 뭐냐?" 그랬더니 그게 지가 내 통장 갖고 가서 그걸로 이제 대출을 받은 거죠. 지가 이제 어차피 "돈을 다 낸다"고 해서 넘어갔는데, 한 1년 내고 있었는데 갑자기 어느 날부턴가 뭐가 날아와요 나한테, 계속 전화 오고. "대출을 하셨는데" 내가 "뭐 어쩌라고요?" 이랬더니 "보증 서셨으니까 대납을 하셔야 됩니다" 이러는 거예요. "예?" 해갖고 뭔가 이제 쫓아갔더니 [대출받은] 돈이 많더라고. "뭐야?" 그래서 한 달에 사십몇만 원씩 꼬박꼬박 1년을 넘게 우재 엄마 몰래 넣었어요. 도저히 갚을 능력이 안 돼요, 나중에. 이제 터져버렸죠, 이게. 이제 아버지 알게 되고, 어머니 알게 되고 서로 쫓아가서 반죽을 뻔했죠.

결정적인 건 우재 엄마가 그 상황을 몰랐던 상황이었던 거고, 우재 엄마는 욕을 많이 먹었죠, 아버지한테. "넌 뭐 했냐?"고, "옆에서 저따위로 될 때까지", 이런 식으로 나오니까 "말을 안 했는데 제가 어떻게 압니까?", 막 얘기를 하니까, 이제 그런 사이에서 계속 우는 거죠. "스트레스 쌓인다, 더 이상 못 살겠다" 그래 갖고, 그럼 못 살겠으면 나는 "이혼은 못 한다" 그랬어요. 그래 갖고 "내가 집을 나갈게" 그래서 놔두고 나만 나왔어요. 그러고 있다가 한 2년 정도 지났나? 제가 일을 하다가 손이 잘렸어요. 옆에 점심 먹으러 싹 갔다 온 애들이 갑자기 누가 싹 오길래 '쟤 왜 오지?' 하는 순간 기계가 확 돌아버려 갖고 손이 딱 잘려서.

면담자   우재 아빠 손가락이? (우재 아빠 : 네) 지금은 회복이 됐네요.

우재 아빠   일단 발바닥 뜯어갖고 만들었으니까. 이거 딱 잘려서 있는데 왔더라고요, 우재랑 이렇게 안고 와갖고는 죽니 이런 소리를 해. 거기서 열이 확 받았지. 그래서 그때 이혼해 버렸지, 이제. 아마 이 사건이 없었으면 아마 안 했겠죠, 이혼. 나만 나와서 벌거하고 살았겠지만, 근데 그렇게 하다 보니까 이혼이 됐죠. 그 순간만 넘어가면 괜찮을 거라 생각을 했던 거고. 뭐, 어차피 내가 보증이라는 거 모르고 하다가, 나도 모르게 보증을 든 거고, 어쨌든 막아서 끝내려고 했던 건데 그게 안 된 거지.

면담자   아버님 말씀을 종합해 보건대 아버님은 아직도 우재 엄마에 대해서 마음이 있군요.

우재 아빠   나는 처음에는 우재 이 사건 딱 나고서 거기 팽목에 같이 있었잖아요, ○○이랑. (면담자 : 누구랑?) ○○이, 우리 딸내미랑 엄마랑 같이 있었잖아요. 계속 있다가 나중에 이제 우재 찾고 와갖고 있는데 솔직히 그 당시까지는 '우재가 엄마랑 다시 살라고 이렇게 하나?' 그래서 '그냥 같이 다시 살까?'라고 생각까지 했었어요.

면담자   아, 그러니까 다시 여쭙겠습니다만, 참사 나고 진도체육관이나 팽목항에 같이, 진도체육관이었겠네요, 우재 엄마 경우는?

우재 아빠   아니죠.

면담자   아, 팽목항에 있었어요? (우재 아빠 : 네) 팽목항에는 우재 아빠랑 우재 엄마랑 같이 있었군요. (우재 아빠 : 네) 아, 그렇군요. 큰 참사니까 아이의 엄마, 아빠가 이혼 상태라도 같이 참사를 견뎌낸 케이스들이 좀 있더라고요. 그 얘기는 이따 다시 질문하고 일단 우재 얘기 조금 여쭙고 싶은데요. 우재 초등학교 3학년 때까지는 이제 직장 다니시면서 어린 시절을 봤을 텐데, 우재는 어떤 아이였어요?

우재 아빠   (한숨을 쉬며) 그러니까 뭐라고 해야 되나? 착하다고 해야 되나요? 아니면 멍청하다고 그래야 되는지 표현을 못 하겠는데, 일단 성격은 약간 내성적인 부분이 있었어요. 내성적이면서 누구하고 잘 노는 것도 좀 안 되는 상황이었고, 그 와중에 시샘은 되게 많았어요. 누군가 친구가 장난감이 있다든가 그러면 자기도 꼭 저거를 사야 되는, 어쨌든 땡깡은 많이 났죠. 근데 저는 어쨌든 사주고는 싶은데 여건이 잘 안 되다 보니까, 그 당시는 또 우재 엄마도 눈알 끼우고 막 이런 때였어요, 부업으로 집에서.

30

우재 아빠 고영환

면담자   인형에요?

우재 아빠   인형도 하고 뭐 샤프심 같은 것도 하고…. 거의 우재 엄마가 손으로 하는 게 더뎌요. 그러니까 퇴근하고 오면 제가 거의 다 해줬던 것 같아요. 짜증 나고, "하지 말라"고 했는데도 꼭 그걸 하게 되더라고. 근데 우재로 인해서 많이 싸웠어요. 우재 엄마 입장에서는 나하고, 몰라, 성격이 틀린지는 모르겠지만, 내가 공부를 못 했다고 자식한테 그걸 다 시키려고 하는 그런 성향이 좀 많았던 것 같아요. 벌어놓은 돈에 한계가 있는데 교육에 대해서는 '주변 사람들 못지않게 시켜야 된다'고 생각을 갖고 있더라고요. 그래서 거기에 대한 트러블이 많았죠. 우재 영재교육도 보냈어요. 〈비공개〉

면담자   그래도 한 직장을 오래 다니셨기 때문에, 그때면 입사 10년이 넘었을 거 아니에요? 그러면 회사생활은 좀 안정되긴 했을 텐데 밤이라든지 주말이라든지 가족들이랑 같이 놀러 간다든지, 이런 건 좀 하시는 편이었어요?

우재 아빠   그거는 없었죠, 거의. 가끔 어릴 때 개울가 놀러 가는 거, 휴가 때. 어릴 때 계곡 가본 게 두 번 정도, 가본 게 두 번인가 세 번이 다일 거예요, 아마. 그 후로는 제가 명절도 없었어요. 명절이고 휴일이고 그런 게 없었어요, 공무라는 자체가. 어쨌든 결혼하고 나서는 몇 년간은 좀 쉬는 날이 있었는데 그거 넘어서부터는 거의 회사에서 살았던 것 같아요.

면담자   좀 나쁘게 얘기하면 돈 버는 기계였네요.

우재 아빠   그렇죠. 우재 엄마는 거기에 들어오는 돈 그걸 다 이제

아이들 걸로 가니까, 먹는 걸로 가는 것도 아니고 엉뚱한 데 학원에다
다 주는 거 같은 느낌이 들어요. 그런 걸로 인해서 좀 많이 싸웠던 것
도 기억이 나네요.

면담자   그럴 수는 있을 것 같아요. 아버님이라고 어디 주말이
나 밤에 일찍 들어와서 아이들이랑 알콩달콩하고 싶지 않았겠어요?

우재 아빠   사람이 참 그런 것 같아요. 없을 때는 "돈 벌어오라"고
막 이래 놓고, 이제 어느 정도 기반 잡고 살 때는 "돈 필요 없으니까
놀자"고, "애들이랑 놀아줘야지" 이러는데, 내가 어디다가 기준을 잡
아야 할지 모르는 거지, 이제. 그래 갖고 얘네 기계 돌리고 이럴 때는
주, 야간도 있었거든요. 12시간 주간 뛰고 이제 밤에 오고, 밤에 일하
고 아침에 오고, 야간 뛰고 와서 집에 들어오면 잠을 자야 되는데 엉
뚱한 일을 시켜서 오전에 잠 못 자게 하고, 오후에 자다 보면 또 2, 3
시간 자고 또 나가야 되고, 또 야간 하고 주간에 또 하고 야간에 들어
오면 이 한 주가 직장 동료들하고 어울릴 수 없는 상황이 벌어지잖아
요. 그러면 한 주는 또 직장 동료들과 어울리게 되잖아요, 또 술 먹게
되고 늦게 온다고 또 뭐라 하고…. 직장생활이 원래 그런 건데, 남자
들은 어쩔 수 없는데 그것도 이해를 못 하고 점점 이해가 안 되는 거
죠, 서로가. 조금씩 조금씩 쌓이기 시작한 거죠, 계속. 결정적인 건 이
제 대출이랑 보증 때문에 완전히 끝난 거지만.

면담자   참사 나기 전에 아버님은 지지하는 정당이 있거나 그랬
어요? 투표 같은 건 아주 철저하게 하셨습니까, 어떠셨습니까?

우재 아빠   투표는 태림 여기 와서 해본 적이, 대중이 형한테 처음

우재 아빠 고영환

해봤어요, 김대중한테. 회사 자체가 투표할 시간 자체도 안 줬으니까. 말로야 아침 일찍 일어나 투표하고 오라는 식이었고, 중간에 뭐 투표나 쉬어야 되는 때에도 일을 해야 되는 상황이 벌어지니까 못 가는 거죠. '내가 그거 투표하러 갈 시간에 잠 한숨 더 자야지' 이런 식으로 거진 못 했던 것 같아요. 김대중 때만, 딱 그때 한 번 한 거 같네, 투표. 뭐 요즘에는 [투표하러] 가본 적도 없는 것 같아요.

면담자　　　그러면 정치나 사회참여나 이런 데는 관심이 아예 없으셨겠네요?

우재 아빠　　관심을 가질 시간이 없었죠, 그냥 거의 회사에 살다 보니까.

면담자　　　신문, TV, 뉴스 이런 것도 비교적 관심 밖이었나요? (우재 아빠 : 그렇죠) 취미는 없으셨어요? 취미도 있을 시간이 없네요, 지금 얘기 들어보니까.

우재 아빠　　취미는 볼링 좀 치는데 그때 치다가 그나마 그 볼링도 끝났죠, 일단 성공했으니까, 장가가는 거(웃음). 산에 가는 것도 끝나고, 산에 등산 가는 것도.

면담자　　　산에도 초기에 결혼 전에 같이 갔나 보네요?

우재 아빠　　그렇죠. 꼬시려면, 사귀려면 어떻게든 뭔가를 만들어야 되잖아요. 그래 갖고 이제 우리 공무과에 있는 형이 하나 있는데, 봉고 차가 있어서 이렇게 엮어서 같이 갔죠.

면담자　　　종교는 있으셨어요?

우재 아빠   종교는 하도 많아 갖고요, 종교는 안 믿기로 했어요.

면담자   어릴 때는 어느 종교 갔다가 나이 들어서 또 다른 종교로 갔다가 하는 케이스세요?

우재 아빠   종교는 천주교 빼고는 다 믿어봤어요, 다 다녀봤고 (면담자 : 결혼하고도?) 결혼하고도요? 뭐, 가끔 갔죠. 나 아닌 타의에 의해서 가긴 하는데, 그래도 가긴 갔어요. 교회도 다녔던 것 같아요, 너무 시간을 많이 뺏겨갖고 가고 싶지 않았었는데. 교회도 이제 잠깐 갔다 오면 되는데, 끝날 때쯤 되면 "잠깐 얘기하자" 그러다가 또 예배 보고, 가려고 그러면 "밥 먹자" 그러고, 밥 먹다 나오면 또 예배 보러 가고, 안 놔주더라고. 그래서 이제 그것도 못 다니겠어요. 몰래 가서 잠깐 왔다 갔다, 회사에 여직원이 "좀 가자"고 자꾸 꼬시는 바람에 그거는 갔다 온 거였어요. 일하다가 잠깐 "교회 갔다 올게요" 하고서 싹 갔다 오기도 하고, 이런 식으로 갔다 오기도 하고.

4
이혼 후 우재와의 관계

면담자   우재 엄마랑 헤어지고 이제 아이들은 엄마가 키우고, 양육비 같은 거는 우재 아빠가 (우재 아빠 : 주고요) 이혼 시에, 말하자면 협약이랄까 그거에 준해서요?

우재 아빠   그런 협약 뭐 중요하지는 않았던 것 같아요, 그냥. 제가 그냥 어차피 내 새끼는 내 새끼니까, 양육권은 우재 아빠가 가져가라,

뭐 그것 때문에 싸우고 그런 건 없었던 것 같아요. 양육권은 내가 얻는 거고 일단은.

면담자　　아, 양육권이 우재 아빠한테 있었어요? (우재 아빠 : 네) 실제 키우기는 엄마가 키우고요?

우재 아빠　　이혼을 하는 조건으로 제가 그랬어요. "네가 나 진짜 싫으면 니가 애들 어릴 때 ○○이가 중학교 넘어가 졸업할 때까진 네가 키워라, 어린애는 엄마가 키워야 정상이라고 하니까. 나야 뭐 출퇴근해야 되고 정신없는 내가 지금 애들 밥해줄 상황은 아니니까, ○○이 중학교 때까지 네가 키울 거면 내가 이혼을 해주겠다" 그래서 이제 조건을 그렇게 해서 이혼을 하게 된 거죠, 합의이혼. 양육권 가지고 싸운 적은 없고.

면담자　　양육권은 현재도 우재 아빠가 갖고 계신 거네요? (우재 아빠 : 네) 근데 실제로는 우재와 ○○이는 엄마가 키우고 있었고, 현재도 ○○이는 엄마가 키우고 있고요. 그럼 지금 우재 아빠는 이혼 상황에서도 선의의 관계를 맺고 있다고 볼 수 있겠네요. 우재나 ○○이 보러는 이혼하시고 어느 정도 빈도로 가셨어요? 애들은 어떻게 만나셨어요?

우재 아빠　　집에는 가죠. 처음에 이혼하고는 좀 자주 갔죠, 근데 점점 횟수가 줄어든 거고. 〈비공개〉 애들한테 가고 그러면 통닭이나 족발 그런 거 시켜 먹고, 잠깐 얘기하다가 나와야 되는 상황, 내가 계속 있으면 엄마가 안 들어오니까. 시간 너무 가니까 또 그것도 걱정이 되더라고요. 그래서 애들한테 갈 때는 1시간 안쪽에서 나오기도 하고,

용돈 주고 그랬던 거[죠].

면담자   양육비를 매월 보내셨을 텐데, 우재 아빠도 생활이 좀 만만치는 않았겠어요.

우재 아빠   그렇죠. 대출한 거, 그것도 갚아나가야 되는 상황이었던 거고 그래서.

면담자   대출 갚는 건 언제 완료했어요?

우재 아빠   그거요? 나중에 갚다, 갚다 안 돼갖고 못 갚아갖고 카드로 빵꾸, 빵꾸 메꾸니까 계속 쌓이더라고요. 점점점 늘어나더라고요. 그래 갖고 회생해 버렸어요. 그거를 안 하려고 파산을 하려고 하다 보니 회사를 다니기 때문에 안 된다 그러더라고요. 그래서 회생을 하고 1년 만에 승인을 받아서 15년도에 끝났죠, 2015년도. 14년도에 회사 안 다녔는데 죽는 줄 알았죠, 그 돈 갚는다고.

면담자   그러니까 보증 한번 섰다가 젊은 시절에 (우재 아빠 : 엄청났어요) 참, 번 돈을 다 원금 갚느라고, 결국은 회생절차를 통해서 겨우 빠져나오셨네요. 그게 2015년, 우재 잃기 전에 그런 상황에 있었군요.

우재 아빠   네, 잃고 [난] 후에도. 어쨌든 제가 16년까지 회사를 다녔는데, 회사에서 월급이 나왔어요. 회사에서 줬으니까 그래서 버티고 있었던 거죠. 가끔 가면 "밥 먹으라"고 사장님이 돈도 주시고 그러니까, 옛날 같으면 잘 안 받았는데, 이 상황에서는 안 받으면 내가 죽을 것 같더라고요. 그래서 이제 받게 됐고….

면담자　　　젊은 시절 태림포장에서 쌓아놓은 게 있으니까. 보통 유가족들이 휴직 처리해도 월급 안 나오는 사람들이 대부분이었거든요.

우재 아빠　　아, 저는 휴직 처리를 하지 않았어요. 그냥 왔어요.

면담자　　　회사는 안 나갔잖아요. 제가 분향소 가보면 항상 있더만요.

우재 아빠　　(웃으며) 그러니까 이게 처음 사고가 났을 때 연락받은 것도 우리 사장님한테 받았어요. "전화 안 받는다"고 욕먹고 "너 지금 전화를 몇 통이나 안 받냐?"고 막 그래 갖고 얘기를 하고 있는 와중에 사장님이 "너 아들 단원고 안 다니냐?" 그래 갖고 "왜요?" 그랬더니 "빨리 가서 보라" 그래서 그때 알고. 그때 회사 차 끌고 와갖고 회사 차를 1년 이상 끌고 다녔어요.

면담자　　　어쨌든 태림포장에서 2016년까지 실제 근무는 정상적으로 불가능한 상황이었는데도 월급이 매월 나왔다는 거네요?

우재 아빠　　네, 기본급을.

면담자　　　기본급을 챙겨주셨네요. 그러면, 우재 초등학교 6학년 정도까지는 자주 애들 보러 가셨고요?

우재 아빠　　중학교 1학년 때까지도. 집이 가까웠어요. 저는 여기 선부1동에 있었고, 애들은 선부3동이니까 거리로 따지면 뭐 4킬로[미터] 안쪽이었으니까.

면담자　　　중학교 이후에는 월 몇 회 정도 애들을 봤어요?

우재 아빠 　　　월 몇 회라기보다는 내가 시간이 나면 가야 되니까, 늦으면 늦게 갈 때도 있고 일찍 끝나면 잠깐 가서 얼굴 볼 때도 있고, 아니면 밖에서 볼 때도 있고 그런 상황이죠, 뭐. 가끔 이제 둘이 싸우죠. (면담자 : 우재 엄마랑요?) 아니요, 애들끼리 싸우면 딸내미가 전화를 하죠. "아빠, 오빠가 막 때려" 막 이러면 전화받고 오죠, 우재 엄마는 없는 상황이고. 막 뭐라고 하면 또 우재는 울고, "왜 나한테만 뭐라 그러냐"고 그러고 있고, 둘 다 혼내고 있다가 또 뭐 하나 사주고 용돈 주고 다시 오고. 거의 애들이 싸워서 [저한테] 전화를 하면 또 가게 되더라고요, 자꾸. 〈비공개〉

면담자 　　　우재가 고등학교를 진학할 때, 우재 엄마랑 진학 관련 상의도 좀 했나요?

우재 아빠 　　　진학 얘기는 이제 엄마하고는 얘기를 안 했고, 엄마하고는 얘기 안 하고 우재하고만 얘기했죠. 근데 우재가 "전자과를 간다"고 하길래 막 뭐라고 했죠.

면담자 　　　옛날식으로 얘기하면 인문계 안 가고 공고를 가겠다고 한 거네요?

우재 아빠 　　　아니, 전자과를 가겠다는 거예요. 그래서 내가 전자과를 나와서 알잖아. "야, 배우려면 전기를 배워라, 아예. 전자과를 뭐 하러 가냐?" 얘가 이제 어릴 때부터 본 아빠의 모습이 그거야. 막 집에 형광등 나가고 그러면 사람들은, 엄마들 아빠들은 못 고치고, 내가 옆집 가서도 고쳐주고 그러거든요. 위, 아래층 올라갔다 내려갔다 하면서 수도꼭지 하나 고장 나도 동네 가서 고쳐주기도 하고 그러다 보니까, 그런 걸 보다 보니까 그렇게 된 건가 모르겠는데 집 안에 뭐 터지고 그래도 업자들 안 부르죠, 업자가 아빠니까. 아빠한테 얘기하면 아빠가 그날 저녁에 와서 다 재료 사다가 바꾸고, 형광등 나가면 형광등도 바꾸고, 안 되면 통째로 다 뜯어갖고 하는 거 보면 그렇게 봤던 것 같아서 그런 데에 관심이 많았던 것 같아요, 나도 모르는 사이에. 걔가 그런 거 좋아했던 걸 몰랐죠. 근데 갑자기 뜬금없이 전자과 간다고 그러니까 내가 절대로 반대를 했죠. "아예 가려면 전기과로 가라" 그랬더니 전기는 무섭다는 거죠, 감전될까 봐. "전자는 감전 안 되냐? 똑같지" 그랬더니 "그래도 거긴 괜찮다"고. "그래, DC[직류]로 전기 먹으면 얼마 안 먹어도 돼, AC[교류]는 좀 강하지. 근데 기계가 전자보다는 전기가 낫다. 이쪽으로 가려면 이쪽으로 가라" 그래서 "이제 고민 좀 해봐라" 그러고 있다가, 그날 족발 갖다 놓고 막 먹으면서 얘기하다가 왔죠. 왔는데 갑자기 이제 "단원고를 간다"고 그러니까, 엄마랑 또 얘기하면서 인문계로 간 것 같아요.

면담자　　　우재 엄마는 아이를 공부시키고 싶어 했으니까요.

우재 아빠　　　어릴 때부터 시켜놓은 게, ○○이보다 우재한테 공을 많이 들였어요, ○○이 엄마가. 그러다 보니까 우재한테 들어가면, 우재가 가는 공부는 ○○이도 같이 따라가서 배우게 되겠죠? 그 잠깐 와서 가르치는 선생님들 보면 막 열받아 갖고 제가 "저거 들어오는 데 얼마냐?" 그랬더니 "6만 원, 8만 원" 이러는 거예요. "10분도 안 앉아 갖고?" 그러니까 막 욕이 나오죠, 입에서. "야, 내가 돈 벌려면 얼만데 저걸 저따위로 주고 저게 공부가 되냐?"고 그러면 "남들 다 시키고 다 하니까 다 따라가야 된다"는 식이죠. 또 거기서도 싸움 나고, 이제.

면담자   이건 그냥 제 추측인데, 우재는 같이 살지 않는 아버지에 대해 불편함도 있었겠지만 한편으로는 아버지에 대한 선망이 있었던 것 같아요. 우재가 전자를 하겠다고 한 거는 인상적인 이야기네요. 우재가 아빠 이혼했다고 서운하거나 뭐 불편하거나 이런 얘기한 적은 없습니까?

우재 아빠   뭐 그런 얘기는 없었어요. (면담자 : 음, 늠름하게 잘 견뎠네요) 그러니까 애가 좀 약간 내성적인 성격이다 보니까 표현을 잘 안 하긴 하는데, ○○이랑 보통 애들 둘이서 싸우다가 전화가 오면 내가 가게 되잖아요. 가게 되면 그때도 뭐 엄마랑 이혼한 그런 거는 상관은 안 하더라고요, 얘기도 안 했던 거고. 눈치가 있긴 한데도 안 한 건지 혼날까 봐 안 한 건지 모르죠.

면담자   그래도 어쨌든 공식적으로 이혼하고 그러면 애들이 막 울기도 하고….

우재 아빠   근데 그 당시 우리 이혼할 때 애들한테 이혼했다고 말하기도 좀 그렇잖아요.

면담자   음, 너무 어렸을 때네요.

우재 아빠   네, 그러니까 애긴 안 하고 그냥 왔다 갔다 하니까. 아빠야 어차피 눈 뜨고 있을 때 아버지 들어왔는지 안 들어왔는지, 또 나가고 이랬던 시절이라.

면담자   애들 입장에선 똑같을 수도 있겠네요.

우재 아빠   그렇죠. 애들이 "아빠 언제 들어왔어?" 그러면 "아빠 출근했어” 그러면 출근한 거죠, 6시면 나가야 되니까. 저녁에 막 11시, 12시에 들어올 때도 있고, 좀 일찍 퇴근했다 해도 또 불려 나가요, 새벽에 고장 나고 그러면 2시고, 3시고 전화 오면 나가야 되니까. 그런 상황에서 살다 보니까 이제 아빠란 사람은, 지금도 우리 딸내미가 하는 얘기 있잖아요. “아빠는 돈 버는 기계, 돈 많은 아빠. 엄마는 가난한 엄마, 돈 없다 그러고 맨날. 아빠는 달라면 어떻게든 나오고, 엄마는 안 나오는 돈” 그래서 그런 얘기 많이 하더라고요.

면담자　　　우재가 고등학교 진학한 이후에 기억에 남는 말이나 추억이 있습니까?

우재 아빠　　　우재요? 언제는 처음 운동을 한번 해봤죠. 운동을 한 건 처음인데, 우재가 뛰는 걸 되게 좋아해요. 달리기하고 막 뜀박질하고, 그건 어릴 때부터였던 것 같아요, 초등학교 때부터. 아파트에서 막 이리저리 뛰면서, 뛰는 걸 되게 좋아했고. 고등학교 때도 운동을, 갑자기 운동을 하더라고요. 갑자기 아령 들고 다니고 손아귀도 막 하고 다니고 그래서 “뭐 하냐?” 그랬더니 “몸 키우겠다”고 하고. 내가 “여자 생겼냐?” 그랬더니 아니래요. “그럼, 왜?” 그러면 날 이겨보겠다고(웃음). “농담하지 말고” 그랬더니 “아니, 아빠 이겨보려고” 그래서 “한번 해볼까?” 했더니 덤비긴 덤비더라고. 근데 안 되니까 씩씩거리긴 했죠.

　　그러다가 이제 처음 휴가를 같이 갔죠, ○○이랑 해서 13년도에, 1학년 때죠, 고등학교 1학년 때. 처음 가서 나도 그때 이제 어느 정도 풀렸던, 회사에서 여유가 있을 때니까 회사에서 다니던 애들하고 해서 네 명이서. 네 명이 갔나? 네 팀이, 다섯 팀이 갔어요. 가서 바나나 보트에서부터 별걸 다 탄 것 같아요, 그냥 가서 족구하고 옆에 오던 학생들하고 축구도 하고. 그날 이제 처음 같이 운동을 한 거죠. 그랬더니 "우재 좀 잘하는데?" 그랬더니 축구도 어릴 때 축구도 가르쳐놨 갖고 축구를 좀 하더라고요. 그래서 그때가 제일 마지막 운동한 거고, 마지막 같이 논 일이 된 거죠.

면담자   바나나 보트 탔으면 어디 바다 쪽으로 갔었나 봐요?

우재 아빠   강이요. 저희 회사에 어떻게 하다 알게 된 후배가 들어왔는데, 〈비공개〉 얘가 가평에 동생들이 보트랑 그걸[펜션을] 하더라고요. 그래서 애들이랑 가서 꼬맹이들 있는 거 다 타고 거기서 옆에 놀러 온 사람하고 축구공 다 차고. 1박 2일, 2박 3일이었구나. 그래 갖고 14년도에 다시 한번 오자 그랬는데 그게 마지막이 된 거죠.

면담자   참사 나기 전에도 그래도 한 달에 한 두 번은 우재를 보셨겠네요.

우재 아빠   참사 나기 전에요?

면담자   고등학교 2학년 때요.

우재 아빠   음, 그때는 몇 번 봤죠. 우재가 이제 "자전거 있어야 된다" 그래서 자전거 몇 번 구해다 준 적도 있고. 근데 집 앞에 갖다 두면 2, 3일만 되면 없어지는 거예요, ○○이 것도 없어지고. 아는 형님한테 계속 얻어다가 계속 갖다주는 데도 계속 없어지니 이제 아예 우재가 집 앞에다 자전거를 안 묶어놔요. 어디 숨겨놓는지는 모르겠지만 딴 데다가 놓고 걸어가서 자전거 타고 그러더라고요.

5

참사 직후 진도의 상황

| 면담자 | 우재 수학여행 가는 거는 아셨어요? |

우재 아빠 (한숨을 쉬며) 그것만 생각하면 열받아 갖고, 내가.

면담자 제가 열받는 걸 질문을 드렸네요. 몰랐군요.

우재 아빠 2, 3일 전에 만났었어요, 우재를. 만나갖고 얘기하고 왔는데 갑자기 아침에 전화가 왔어요, ○○이한테. 왜? 그랬더니 "아, 엄마가 나 소풍 가는데 돈도 안 준다"고 막 그래요. "그럼 그냥 갔다 와라" 그랬더니 "아, 싫다"고 막 그러면서 "오빠는 어제 수학여행 가는데 돈 주면서 왜 난 10원도 안 주냐?"고 막 그러는 거예요. "오빠 수학여행 갔냐?" 그때 안 거예요, 아침에. 아침에 알아갖고 7시 좀 못 돼서 딸내미를 만났죠. 만나고 용돈 주고 이제 "소풍 갔다 와라" 하고 학교로 간 거죠. ○○이는 학교 갔는데, 회사를 갔죠, 제가.

근데 갑자기 회사에, 제가 그때 공무 팀을 하고 있으면 이제 폐수도 맡고 있었거든요, 폐수처리 하는 거. 그게 터져갖고 난리가 난 거예요. 그거 막 하다 보니까 전화를 못 받은 거예요. 그사이에 사고가 난 거지, 이제. 소풍 간 것도, 수학여행 간 것도 모르는 상태에 있다가 갑자기 사장님한테 전화 와갖고 단원고 얘기, "배가 뒤집혔다"고. 뭔 배가 뒤집혔다는 거야? 나는 제주도 갔는지도 몰랐어요. 가서 딱 보고 났더니 "이거 뭐냐?" 그랬더니 "아니, 단원고 애들이라는데 제주도 가는데 배가 뒤집혔다는데" 이러니까 갑자기 딱 보는 순간에 거기에 단원고가 딱 나오니까 이제 돌아버리는 줄 알았죠. 그래 갖고 옆에 애들이 "형, 빨리 가!" 하면서 차 [키] 던져줘 갖고 그 차 타고 출발한 거죠, 바로.

면담자   진도로? (우재 아빠 : 네) 그러면 이제 4월 16일 오전에 뉴스 통해서 사실을 알고 차를 몰고 혼자서 급하게 진도로 내려가셨네요. 언제쯤 도착하셨어요?

우재 아빠   3시 반이요.

면담자   아, 그러면 상당히 일찍 도착하신 편이네요.

우재 아빠   거의 밟고 갔죠.

면담자   어디로 가셨어요, 처음에?

우재 아빠   체육관으로 갔죠.

면담자   도착했을 때 체육관의 상황이나 기억나는 게 있으면 말씀해 주시겠어요?

우재 아빠   처음 도착해서 주차장에 [차를] 놓고 그냥 경찰관들이 이리로 이렇게 가라고 해서 그리로 갔더니 이제 게시판 거기에 A4 용지에다가 이름 쭉 쓰는데, 생존자들 막 적어놓고 있길래, 반별로 이렇게 적어놨더라고요. '고'는 있는데 '우재'는 없고, '고', '고', '고', '고'는 많던데 '우재'는 없고, 몇 번을 본 것 같아요. 계속 봐도 없고, 계속 봐도 없고…. 나중에 이제 애들이 막 앰뷸런스에 실려서 왔다가 나가고, 또 실려서 나가고 그러는 상황이니까. 체육관에 들어갔더니 상황실은 쭉 돼 있고, 사람들한테 물어도 대꾸들을 안 하는 거예요, "애들 어딨냐?"고 해도. "나머지 애들 어딨냐?"고 물어봐도 대꾸도 없고….

그때 이제, 지금 생각하면 진도 군수, 그리고 해수부 실장, 그리고 몇 사람들 있는데 대꾸도 안 하고 있다가, 내가 진도 군수한테도 물어볼 때도, 그 당시에는 군수인지도 몰랐죠. "대기하고 계시면 애들 올 거니까 좀 있으라" 하고, 이제 실장 같은 경우는 "지금 많은 섬에 애들이 있으니까, 지금 구조를 해서 주변의 섬에 있어서 지금 데리고 오고 있는 상황이니까 기다리고 있으라" 그러고. "일단 밖에서, 상황이 지금 제대로 안 되기 때문에 저 밖에 적어놓은 것이 정확한지도 모르겠고, 일단 거기서 이름 다시 한번 찾아보시라"고, 그러고 있는데 그때 아마 [새누리당 국회의원] 장윤석 [국회윤리위원회] 원장이 뒤에 딱 왔었던 것 같아요. 거의 비슷하게 도착을 해갖고 거기서 이제 막 얘기하다가 나와서 다시 찾고 있는데 없고.

그러다 이제 생존자 학생, 이제 우재 엄마한테 전화가 오죠. "생존자 학생 하나가 있는데 연락이 됐다"고 하면서 이제 전화를 했어요. "넌 어디냐?" 그랬더니 "저는 지금 병원"이라고 "애들은 어딨냐?" 했더니 "나머지 애들은 어딨냐?" 그랬더니 "애들은 다 섬에 있어요" 그러는 거죠. "많이 있냐?"고 그랬더니 "제가 볼 땐 많이 있었어요" [하더라고요]. 그러니까 이제 그 말을 믿게 된 거죠. 근데 아무리 기다려도 사람들이 늘어나는 경우가 없는 거야. 그래서 4시, 5시쯤 돼갖고 '아, 내가 애한테 저걸 안 물어봤네' 하고 다시 전화를 했죠. 근데 안 받아. 근데 두 번째나 세 번째 다시 통화를 하니까 받아서 "넌 몇 시에 왔냐?" 내가 물어본 거예요 "넌 도대체 몇 시에 와갖고 여기 있는 거야? 근데 왜 애들은 안 와?" 그랬더니 "저 있을 때는 애들이 많았었는데"

그러니까 "넌 그러니까 몇 시에 왔냐고?" 그러니까 "전 오전에 온 것 같은데요" 그러는 거야. "오전에 왔다고? 그러면 오후에는 오는 애들은 한 명도 못 봤는데 너 주변에 몇 명이나 있었냐?" 그랬더니 "저 옆에 있을 때 2, 30명 있었는데" 뭐, 사람들이 너무 많아서 어른들도 있었고 하니까, 자기도 듣기로는 "뭐 섬에도 사람이 있고 다른 섬에도 있고 하다" 그러고, 이제 그런 줄 알고 있었죠.

'아, 깝깝하다' 그러면서 담배 피우다가 계속 밖에를 보고 있는데 아무것도 없는 상황. 그리고 이제 계속 우재 엄마랑 통화를 했던 상황인데 이제 "그쪽은 어떻게 되냐?" 그랬더니만 "단원고에 다 모여갖고 현재 상황이 어떤지 막 얘기하고 있다"고 하더라고. 도저히 안 되니까 "이제 버스 불러갖고 타고 내려온다"고 얘기가 나왔어요. 7시인가? 그때 아마 단원고 버스가 도착을 했어요, 체육관에.

그 시점에, [버스가] 도착하기 전이죠, 해경 실장이 올라와요. 단상에 올라오더니 "죄송합니다" 그러는 거예요, 마이크 들고. "뭐가?" 그랬더니 "제가 카운트 친 게 176입니다" 그러는 거예요. 확 돌아버리죠. "뭐가 176이야?" 그랬더니 "제가 죄송합니다. 제가 아이들, 생존자들 찍은 게 176", "너 아까 이 시발 놈아, 막 저 밖에 섬에도 몇백 명이 있고 다 있다며? 그 애들 다 어디 갔냐?" 했더니 "죄송합니다" 그러면서 이제 그 얘기를 한 거죠. 그래서 "여기 사고 난 거 어디야? 빨리 가봐야겠다" 그래 가지고 딱 나오는데 그때 버스 내리고, 부모들 내리니까 "여기 있을 필요 없다"고, "팽목으로 가야 된다"고 했더니 다 버스에 타고 팽목으로 갔죠.

팽목에 딱 내리니까 소방, 소방차만 있었죠, 소방차만. 그리고 소방 과장 하나 있었어요, 과장. "여기서 뭐 하십니까?" 그랬더니 "아, 저희는 지금 대기 중입니다" 그러고, 그러면 "해경은 어딨냐?"고, "경찰들은 어딨냐?"고 했더니 "저는 모릅니다" 이런 식으로 얘기를 하는 거야. 그래서 딱 갔더니 대합실 앞에 보면 배 대는 데 있어요. 거기에 갑자기 이런 책상 갖다 놓고 이제 대책위가 만들어지는 거예요, 그때부터 꾸며지는 거야, 봉고 차들 들어가고.

"상황이 이렇게 됐는데 아무것도 안 돼 있는 상황에서 구조는 하고 있냐?" 그랬더니 "구조는 하고 있다"고 하고, "그럼 실장 말하는 176은 뭐고, 나머지 애들이 있다는, 애들은 어딨냐?" [했더니] 대꾸를 못 해, 그때부터. 그때부터 이제 대책위 말 많고 좀 세게 나갔던 부모님들 몇 명이, 막 그때 이제 빛나라 아빠나 그렇게 해서 같이 만들어졌죠, 조직이. 그러다 이제 날 새고 하니까 갑자기 주변에 막 사람들이 많아지면서, 부모인지 경찰인지도 모르겠고, 갑자기 비는 이슬비처럼 계속 내리고 있죠. 그렇게 추운 날씨는 아닌데 그냥 뭐라고 해야 되나, 그냥 으스스한 그런 거 있잖아요, 스산한 그런 기분. 그런 와중에 갑자기 막 텐트들 옆으로 막 들어서면서 그냥 아비규환, 그런 데가 없었죠, 뭐. 소리 지르고 "네가 부모 맞냐?" 그러면서 싸우기도 하고. 그랬던 상황이죠, 그때.

면담자   그러면 지금 마지막에 말씀하신 텐트 치고 하는 거는 이제 17일 아침 얘기고, (우재 아빠 : 그렇죠) 16일은 결국 팽목에 도착해서 아무것도 없는 상태에서 테이블 하나 놓고, (우재 아빠 : 캄캄한 밤에 온 거죠) 해경이나 관계자들이 거기서 뭔가 작업을 하고 있는 상태에서 아무것도 되지 않으니까, 빛나라 아빠 등이 유가족들의 일종의 대책위 같은 거를 만든 거네요?

우재 아빠   그렇죠.

면담자   대책위 처음 만들 때 어땠는지 자세한 상황이 기억나세요? 근데 그때는 사실 누가 누군지 모르니까….

우재 아빠   근데 이름은 기억이 안 나요, 지금도. 빛나라 아빠도 그렇고, 얼굴들은 아는데 이름은 잘 기억이 안 나. 대책위라고 저도 위원장이 된 것도 아니었고 그 당시는, 며칠 지나서, 하루 지나서 위원장 우리끼리 이제 뽑게 된 거죠. "여기서 누가 하실 겁니까? 누가, 누가 이끌어나갈 겁니까?" 하다 보니까 "당신이 이렇게 나갔으니까 당신이 해" 이렇게 해갖고 이제 된 거죠, 이게.

면담자   그럼 17일에 그나마 확실하게 누가 대표 역할을 맡는다는 게 정해진 거라고 봐야겠네요?

우재 아빠   그렇죠.

6
진도에서 가족들이 겪은 경험

우재 아빠   그러면서 "현장을 가야겠다", 이렇게 해갖고 해경하고 막 말다툼을 하다가 "그러면 20명만 갑시다" [하고 합의를 하게 된 거죠]. "해경 배에 탈 수 있는 인원이 있다. 근데 20명밖에 못 태운다" 그래서 "그럼 각 반에 몇 명 갈 거냐?" [해서] 소집이 된 거죠. 두 명씩, 이렇게 해갖고 어쨌든 제가 가게 됐어요.

면담자   8반에 두 명 중의 한 명으로 가신 거네요.

우재 아빠   그렇죠. 근데 실제로 배 탈 때는 20명이 더 탔죠. 서로 막, "20명이고 나발이고 그런 게 어딨냐?" 그러면서 엄마들도 타버리고 막 다 밀고 들어가고 이제 그래 갖고 서른몇 명까지 탄 것 같아요. 근데 근처까지는 안 가고 먼 데서만 보여주는 거예요, 계속. "왜 안 가냐" 그랬더니 뭐 "죄송하지만 지금 잠수부들이 들어가 있기 때문에 배가 더 가까이 가면 위험합니다. 사고 날 수도 있고" 뭐 이러면서 점점 안 가는 거지, 계속. "개소리하지 말고 빨리 가자"고 막 소리 지르다가 어떻게 해서 근처까지 가요. 근데 아무것도 없었어요. "잠수하고 있다며?" 그랬더니 잠수사도 없었고.

면담자   그때 잠수사들이 가이드라인 로프를 설치한다고 잠수 활동을 하고 있을 때 아니에요? 설치하고 빠진 때였나?

우재 아빠   빠지고 뭐고 그냥, 자기들이 뭐 "지금 잠수하고 있다"고 했던 사람들이 하나도 없고 그냥 보트 하나만 빙빙 돌고 있고, 아무것도 없는 상태[였어요]. 그냥 배만 달랑 올라가 있고 옆에 그 빨간 거 있죠, 부표 같은 거, 그것만 떠 있었으니까. 처음에 저는 그게 유실망 그거 쳤는 줄 알았어요. 근데 나중에 보니까 그게 기름막이더라고, 기름 넘어가지 말라고 쳐놓은 것. 나중에 와서 이제 "유실망 쳐야 된다" 그래 갖고 이제 그런 얘기 조금 하고, 그때부터 이제 관계자들하고도 막 말다툼하면서 싸우게 되기 시작하는 거죠.

면담자   17일 몇 시에 배를 타고 나가셨죠?

우재 아빠   밤에, 10시에.

면담자   17일 밤에, 이튿날 밤에서야 처음 간 거네요.

우재 아빠   그것도 낮에 갈 수 있는 거를 갖다가 왜 밤에 갔는지도 모르겠고, 아주 그냥 그랬었던 것 같아요. 다음 날 또 나간다고 그래서 그날 부모들 덮고 있던 담요 다 걷어갖고 배에다 실어주고 애들 찾아오면 거기다가 씌워갖고 오라고 [했는데], 근데 결론은 그 담요도 안 오고 그 배에도 아무도 오는 게 없었죠.

면담자   17일에 어디선가 비옷 같은 거 나눠주지 않았어요?

우재 아빠   (한숨을 쉬며) 그게 참 웃긴 게 그걸 누가 나눠 준지도 몰랐어요. 나는 그 옷도 없었으니까, 옷 다 젖어 있는 상태이고 비는 계속 부슬부슬 오지, 장대비도 아니고 이슬비도 아니고 샤워비 같은 것들로 계속 내리는데, 어디서 누가 뭘 입고 다니는 거예요. 딱 보니까 '삼호중공업' 적혀 있는 노란 옷 우비를 입고 다니는데 거기서 막 이제 소리 지르던, 대책위라고 끼워줬던 인물들만 그걸 입고 다니고, 그 밑에서 가족들만 입고 다니고. "그게 뭐냐?"고 그랬더니 아, 저기서 나눠 준 거래. 우리한테 말도 한 번 안 한 상태고, 누가 부모인지도 모르는 상태에서 누가 와서 뭐 한 것도 없었고. 어쨌든 자원봉사자들은 왔던 것 같은데, 뭘 주고 뭐 하는 그런 방송도 없어요.

있다가 딱 들어가 보면 누구는 막 뭐 덮고, 담요 덮고 있는데 "저 담요 어디서 났습니까?" 하면 "저기 가니까 누가 주던데요" 그러는 거야, 그냥. 근데 가보면 없어. '뭐지' 하고 갔더니 누가 또 물어보니까 저기 안에 가면 적십자가 있대요. 그래서 갔어요. "아, 여기 비옷도 준다, 그러고 담요도 준다, 그래서 왔다"니까 "누구시냐?"고 [하길래] "누구고 그게 무슨 상관이냐"고, "지금 다 얼어 죽게 생겼는데, 애도 있고 이러니까 좀 달라"고 그랬더니 아, 유가족분 아니면 안 준대요. 나도 유가족이라고 하니까 그때서야 "몇 반 누구냐?"고 물어보니까 적더라고. 안에 들어가서 주는데 "담요는 없습니다" 하더니 우비를 소자로, 소자 하나 중자 하나 줬나? 입을 수 없는 상태잖아요. 가져가서 애기 엄마는 주고, 입을 수 없는 옷 갖고 있는데 옆에 여자애가 너무 큰 걸 입고 이렇게 접고 있더라고. "너 그거 너무 큰 것 같은데 아저씨랑 바꿔 입을래?" 그랬더니 "안 바꾼다"는 거예요. 자기 게 좀 좋고 내 거는 그 일반인들, 노가다 뛰시는 분 있죠? 그 파란 거, 그런 거니까 "싫다" 그래서 제가 계속 꼬셔요. "이거 새 거니까, 넌 안 맞고 너무 크잖아. 넘어질 수 있고 다치니까 바꾸자"고 그래서 바꿨어. 바꿔 입고 나와서 다시 또 갔다 온 사이에 뭔 구호품이 막 들어와 있는데 들어본 적 없던 이상한 걸 사람들이 받아갖고 오더라고요.

이거 이 시스템 뭐가 잘못됐다, 한참 잘못됐다고 하고 이제 적십자 가서 한바탕 엎어버렸어, 성질나 갖고. "누구는 주고, 누구는 안 주고. 네가 유가족인지 아닌지 네가 어떻게 알고. 가져왔으면 다 풀든가. 누구는 주고 누구는 안 주냐?" 그랬더니 한계가 있다는 거지, 자기들은. 갖고 온 게 있는데, 가족들을 위해서 갖고 왔는데 가족 아닌 분들이 다 가져가 버리니까. "누가 지금 그거를 확인할 거냐?"고 "나 유가족인데 왜 난 안 주냐?"고 이제 싸우다가, 그럼 다 없애버리라고 다 집어 던져버렸어, 성질나 갖고.

면담자　　　그때는 거기서 유가족이라고는 안 불렀죠?

우재 아빠　　　유가족이라고는 안 하죠. 어쨌든 그 희생자, 사고 난 학생들, 부모님들 얘기는 했으니까. 이제 그 사건이 터지고 나서 "명찰 답시다" 그래 갖고 명찰 달게 돼요.

면담자　　　그게 이제 아마 셋째 날, 18일 정도에 명찰을 달았죠?

우재 아빠　　　그러고 나서 이제 3일인가 4일 됐으니까 A4 용지에다가 써가지고 여기다 달고 다니는데 조금씩 이것도 개나 소나 다 달고 다니는 거야. 그냥 뭐 찍어서 온 것도 아니다 보니까, 손으로 쓴 거다 보니까, 나중에 보니까 막 주워갖고 옆에다 끼워갖고 다니는 사람, 기자들도 그러고 다녔던 거 같아, 막 잡아갖고 패기도 하고 그랬으니까. "너 누군데 네 맘대로" 그랬더니 어쨌든 뭐 기사 쓸려고 그러겠죠. 우리 가족끼리만 회의를 하면 못 들어오게 했었거든요. 근데 거기도 이제 어쨌든 가족 아닌 가족들이 많이 들어왔었던 것 같아요. 갑자기 막 잠수부 얘기 나오고, 3일쨋가 4일쨋가 갑자기 홍가혜인가 걔도 나타났을 때니까. 웬 여자애 하나가 노란머리 흔들면서 나타나 갖고 "저 여자는 뭐냐?" 그랬을 때니까.

면담자　　　회의는 어떻게 했습니까?

우재 아빠　　　회의는 이제 여기서 하다가 도저히 안 돼서 매표소 안에 들어가게 돼요. 매표소 안을 점령을 하죠. 그래서 거기를 이제 대책위로 꾸미며, 만들어서 거기서 회의하게 됐고, 아무도 못 들어오게 막아버리고.

면담자　　　아버님은 몇 번 회의에 들어가셨어요?

우재 아빠	회의는 계속 들어갔죠.
면담자	주로 어떤 얘기를, 누가 사회를 보면서 했어요?
우재 아빠	사회를 보기보단 해경의 담당들 불러다 놓고 물어보는 식이죠. 지금 뭐 어떤 작업을 하고 있고 어떻게 하고 있고, 에어포켓은 있다고 하는데 에어포켓이 어떻게 되고 있는지. 아, 근데 부모님들도 이제 가서 갖가지 자기들이 알고 있는 정보, 통신 다 들어두고 옆에서 받아들고 온 것 갖고도 얘기를 계속하는 거죠, 구멍을 뚫어서 어떻게들 할 것인지, 뭘 할 것인지 막 하면서. 그런 걸로 이제 하루 종일 싸우는 거죠, 그걸로. 그러다가 이제, 그런 식이었던 거죠. 근데 답은 없었어요. 답은 없고 그냥 계속 똑같은 얘기 "지금 무엇을 하고 있냐?" 그러면 뭔가를 하고 있다라고 하면 "어떻게 하고 있냐?" 막 그러면서 싸우게 되고, 해경 쪽에서는 계속 변명 아닌 변명을 하고 있는 상황이고, 그러면 빨리, 유실망이라도 쳐갖고 좀 어떻게 해달라고 해도 지금 치고 있다고 하고, "치고 있다고 하면서도 지금 전화 안 하잖아, 빨리 전화하라고!" 그러면서 소리소리 지르게 되고, 그렇게…. 회의라기보다는 거의 다 뭐 악담이라 그러나, 회의가 아니죠, 그냥. 다 물어보는 상황에서 지금 뭘 하고 있는지 얘기 듣고 싶은 거였던 거고. 그런 얘기만으로도….
면담자	우재가 언제쯤 나왔죠?
우재 아빠	우재는 이제 4일 날, 5일 날 나왔죠, 5일 후에. 4일 날 총리 왔나, 그때? 국무총리 온다 그랬나? 국무총리 온다 그래 갖고 얘기하다가 뭐가 화가 나서, 저희끼리 회의하다가 화가 나서 체육관으

로 온다 해서 체육관[으로] 걸어갔어요. 체육관 걸어가서 이제 총리 얘기하고 그러다가 열받아서 "그러면 청와대로 가자" 그래서 걸어왔죠, 진도대교로. 근데 아무 생각 없이 그때 슬리퍼 끌고 갔다가, 슬리퍼 끌고 진도대교까지 갔죠. 거기 갔다가 진도대교에서 이제 경찰한테 막히고. 또 거의 아침에 도착했잖아요, 새벽에. 5시, 6시쯤 도착했나?

경찰하고 부딪치던 와중에 저희가 막 밀어버리는데 여경이 나타나더라고. "아버님, 저 여잡니다. 손대시면 성추행하십니다" 막 이런 식으로 얘기를 하니까 열받아 갖고, 때릴 수도 없고 막 이러면, 엄마들이 뒤에서 "내가 갈게" [하고] 앞으로 싹 나오면 이제 여자애들이랑 남자애들이랑 또 바꿔요. 그래 갖고 넘어가긴 넘어가야 될 것 같아서 내가 엄마들 "좀 밟겠습니다" 그래서 등 밟아버렸어. 등 밟고 경찰들 머리 밟고 넘어갔어요. 파바바박 밟고 일단 넘어갔는데, 넘어가고 나니까 엄마들 몇 명 있고 아빠들 몇 명 있더라고. 우리들을 신경을 안 써요, 또. 니들끼리 가려면 가라 이런 식인데, 이쪽에 사람 다 막혀서 오지도 않고, 우리끼리 뭐 하기도 뭐하고…. 이러고 있는 와중에 전화가 와요, "우재가 나왔다"고 확인 좀 해달라고. 그래서 다시 팽목으로 가게 되죠.

면담자   진도대교 앞에서 우재 소식을 접하시게 됐군요. 그 앞의 얘기 잠깐만 좀 더 상세히 여쭙고 가면, 국무총리가 와서 설명을 한다니까 팽목 식구들은 일단 진도체육관으로 갔는데, 그때 누군가 이제 거기서 "청와대로 가자" 이렇게 얘기를 했을 거 아니에요?

우재 아빠   그렇죠. [빛나라 아빠] 김병권이가 얘기한 거죠. 막 이렇게 어떡하다 보니까 그때 뒤에서 조작하는 걸 누가 봤어요, 기자단이.

면담자	뭐를 조작한 걸요?

우재 아빠　　　우리들이 하는 거를 다 녹음하고 노트북을 놓고 있다가, 싹 보게 되죠. 그거 잡아갖고 그 인간은 도망을 가고 노트북은 다 박살 났고. "이것들이 우리하고 장난친다", TV가 계속 돌아가는데 여기 상황을 지금 밖으로 안 내보내는 상황인 거예요. 그래 갖고 우리가 3일째인가 됐을 때인가 아프리카를 불렀을 거예요. 맞나? (면담자 : 아프리카TV) 아프리카TV를 불렀을 거예요. 그때 불러갖고, 방송이 계속 이상하게, 우리 쪽만 계속 이상하게 돌아가는 것 같아요, 밖으로 하나도 안 나가는 그런 상황. 그래서 아프리카TV 불러갖고 "이제 내보내겠다" 그래서 부르고 하고 있는데, 기자라고 하는 뭐 하여튼 우리 뒷조사한 거를 다 모니터링해서 보내는, 그런 걸 보게 된 것 같아요. 그래서 그렇다고 해서 막 때려 부수고 있다가 이제 체육관으로 넘어가죠. 체육관으로 넘어가고 있는데 아직 오지 않은 상태였고, 뭔가 되는 것도 하나도 없는 상태고 하니까, "여기서 이렇게 있어봐야 애들 다 죽는다. 빨리 가서 뭔가 조치를 취하지 않으면 안 된다" 이래서 "청와대로 가자", 그래서 이제 가게 된 거죠.

면담자　　　어쨌든 16, 17일 날 팽목 현장에서는 나름대로 빛나라 아빠 등이 리더 역할을 시작을 한 때니까 "청와대로 가자"도 결국은 김병권 위원장 등이 발언을 하고 다 같이 가게 된 거네요.

우재 아빠　　　그래 가지고 이제 진도대교 출발을 하고 있는 와중에, 가고 있을 때 "국무총리가 온다" 해서 김병권이는 뒤로 빠지죠, "만나러 간다"고 가고. 우리는 어차피 출발했으니까 끝까지 가야지 하고 계속 가게 되는 거죠, 그런 상태가 됐죠.

면담자　　움직일 때 우재 엄마도 같이 움직이셨어요?

우재 아빠　　우재 엄마요? 네, 같이 가죠, 따로 있을 수 있는 상황이 아니었으니까. 누가 돌봐주고 이런 상황이 거기는 없었으니까…. 좀 그랬죠, 거기서는. 그리고 팽목 자체엔 누워 있을 데가 없었어요, 지금도 있는 대합실하고 그 옆에 낚시터 그 방 얻어갖고 그쪽에서 있었으니까. 여기 옆에 너머에 지금 있는 비치타운하고 옆에 건물 있는 걸 몰랐어요, 나중에 가서 보니까 "어, 이게 언제 있었냐?"고 물어볼 정도였으니까. 그쪽을 넘어가 본 적이 없어요. 아니, 지나는 다녔는데 거기에 가게가 있는지는 상상도 안 했어요. 해경, 해경 경찰이었나? 내가 밧줄로 목을 맸어요, 끌고 가 죽여버린다고. 그래서 끌고 막 나왔을 때 이제 도망가 갖고, 내가 머리를 딱 잡았는데 놓쳤어요. 얘가 가발을 쓰고 있더라고. 그래서 그 가발만 쥐고 애들은 보안대 애들이 데리고 가고, 난 쫓아가서 죽인다고 계속 쫓아가 갖고 그때 팽목 마을까지 왔을걸요, 아마.

면담자　　그 경찰은, 해경은 왜요?

우재 아빠　　말 같지 않은 얘기를 하는 거죠, 이제. 잠수부 애가 있으면 산소통을 메고 갈 거 아니에요. 근데 저 산소통 메고 가갖고 애를 발견했어, 방 안에 세 명 있어, 그러면 애 하나 [산소통을] 물고 있는데 세 명 어떻게 할 거야? 그러면 두 명은 포기한다 쳐, 하나는 살릴 수 있을 거 아니야. 그러면 "어떻게 살릴 건데?" 그랬더니 "잠수사 입에 있는 거 빼갖고 애한테 물리고 이렇게 나온다"는 거야. "지금 장난

하나. 니들이 수압 때문에 잠수복 입고 있는 애들한테 거기 가서 이거 빼는 순간이면, 문 열면 에어포켓에서 살아 있는 애들 나오면 둘은 죽는데, 지금 한 애마저 다 죽이겠다는 거냐? 답이 그게, 이게 말이냐고, 무슨 영화 찍냐" 그러면서 이제 열받아 버렸죠. 참, 말을 막 하다 보면 열받아서 어쩔 수 없었어. 그냥 멱살 잡고 끄집어내는 거지. 다른 부모들도 다 때려죽이고 싶었겠지만 그 당시에는 나는 완전히 돌아버렸어요, 그때. "넌 오늘, 너 죽여버린다" 그랬으니까. 끌어 내리고 경찰들 와서 말리고 그러고 있는데, 이제 1톤 차에 밧줄이 있더라고요. 그래서 목에 묶어버렸죠, 그냥. 끌고 나오니까 경찰들 와서 날 잡고, 경찰들 막 뿌리치고, 도망가고 쫓아가고 경찰들 쫓아오면 막 들어서 한서너 명 다 업어쳐 버렸을걸, 아마 그때. 그러다 보니까 가다 보니까 지쳐버렸죠. 못 쫓아가고 그래서 다시 오고, 그런 상황이 됐던 것 같아요, 그때. 이게 주먹은 안 썼어야 되는데, 그날 한 번 딱 쓰고 나서부터는 '저 새끼들 때려야지 말 듣는구나' 이래 갖고 그 뒤부터는 뭐 하면 멱살 잡고 쥐어짜기 시작했어요, 이제.

면담자   우재 소식은 전화로 왔다고 말씀하신 것 같은데 누가 소식을 전했어요?

우재 아빠   그쪽 담당자, 아니, 우재 엄마한테서. 우재 엄마한테 전화 왔어요. "왜?" 그랬더니 "우재 찾았다는데 확인하러 오라"고 했다고. "누가?" 그랬더니 "해경한테 전화 왔다"고 그러는 거예요. "언제 찾았다는데?" 그러니까 그건 모르겠고 일단 와서, "온다"고, "11시까지 온다"고 [하더라고요]. 알아보니까 5시 반? 새벽 5시 반엔가 올린 것 같은데 만나기는 11시에 만난 것 같아요. 바지에 애들 올라올 때까지

57
·
1회차

기다렸다가 한 번에 온다고 하면서 그렇게 온 것 같은데, 그날만 20명이 올라왔어요.

7

아이들이 올라온 팽목항

면담자 팽목에 안치실 비슷한 게, 그 당시 20일에 있었던 겁니까?

우재 아빠 그때 이제 처음에는 천막 같은 걸 쳤죠. 그 전에는, 거기 가보셨나요? 선착장 가보셨나요? 선착장으로 배가 들어오면 앰뷸런스가 들어가서 거기다 애 태우고, 그 끌고 다니는 거 있죠? 그걸로 끌고 나오면 여기가 이제 비포장도로고, 여기가 차 다니는 도로잖아요. 여기까지 끌고 나와요, 이렇게 지들이. 그러면 부모들은 이쪽에 있다가 막 가요, 일렬로 쭉 서요. 여기서 이제 얼굴 까면, 자크[지퍼]를 내리면 남자인지 여자인지 봐야 될 거 아니에요. 근데 여기서부터 얼굴 까고 오면 난리가 나버리니까, 쭉 오고 여기서 이제 차 대놓고, 앰뷸런스 대놓고 여기서 얼굴 봐요. 문 쪽 열면 이제 그때부터는 플래시 비추고 쳐다보려고 난리가 나는 거죠, "내 새끼다" 그러면서. (면담자 : 바깥에서?) 네. 그렇게 하다 보니까 이게 한 명 나올 때마다 엄청나게 붙는 거예요, 사람들이. 부모들끼리 싸우게 되는 거예요, 서로 보려고, 내 새끼 먼저 보겠다는 식으로. 그게 나중에는 "니들이 얘기해 줘. 여자인지 남자인지 확인해서 얘기해 줘라. 이렇게 되면 다 달라붙는 상황 때문에 복잡하다" 그래 갖고 나중에는 여자인지 남자인지 자기들이 알려줘요. 근데 여자애 하나가 머리가 짧았는데 남자애로 착각을 해 또 알려줘 갖고 이제 그것도 그나마 안 믿어지게 되죠. 그래서 무조건 가는 거예요, 이제. 엄마들 몇 번 보다 보니까 못 보게 되는 거죠, 계속.

문제는 체육관이었어요. 체육관에서는 [팽목항에는] 안 오는 상태에서 봐야 되는 상황이고 그러니까 그걸 보여달라 그래 갖고, (한숨을 쉬며) 그래서 어쩔 수 없어 유경근이가 거기서 사진 찍고, 나는 와서 자크 내리고 벌리고 후레쉬[플래시] 비추고 계속 찍게 되는 거죠. 그 당시에 계속 애들 찍다 보니까 다 봐야 되잖아요 일일이, 일반인도 봐야 되고, 아이들도 봐야 되고. 근데 계속 보고 있는데 처음에 올라온 아이들은, 겉에 돌던 아이들하고 노인 양반 남자분하고는 몸이 굳어서 나왔어요. 어쨌든 옷, 가방이 이렇게 벌떡벌떡 올라와 있어서 '이게 뭐지' 하고 했더니 나중에 열어봤더니 손이 다 굳어갖고 나온 애도 있었고. 근데 후에 나온 애들은 거의 샤워하고 나온 애들처럼 나왔으니까 더 미치겠죠, 이제. 입에는 그냥 거품까지 물고 있고, 화장지 갖고 있다가 다 닦고, 닦은 다음에 유경근이 또 사진 찍고 저리로 보내주고, 아, 그것도 못 할 짓이더라고, 계속.

면담자   아버님이 열어주고 예은 아빠가 사진 찍고, 이렇게 두 분이 그렇게 하시기로 한 거예요? (우재 아빠 : 아니요) 어떻게 하다 보니까요?

우재 아빠   어떻게 하다 보니까 [그렇게] 된 거예요, 그것도. 소방대 애들 있으면 걔들 열어주면 "입 좀 닦아놓고 얼굴 좀 잘 나오게 찍으라" 그러니까 미치죠. 어떻게 하다 보니까 그게 됐어, 거기서.

면담자   그걸 20일, 우재 데리고 올라오기 전까지는 계속하신 거네요. (우재 아빠 : 그렇죠) 몇 사람 정도를 보신 것 같아요?

우재 아빠   그걸 세지는 않았어요. 그걸 어떻게 봐. 일단 5일 동안 애들 올라온 건 다 봤으니까는, 미치더라고, 못 보겠더라고. 우재 엄마는 딱 이틀 보다가 안 본다고 그래서, 보고 오라고 하고.

면담자   우재는 어떻게 보셨어요? (우재 아빠 : 우재요?) 어떤 상황이었어요? 아마 그때 안치실이라고 불렀던 것 같은데, 거기 텐트 안에다가 이제 침대를 쭉 놓고.

우재 아빠   침대도 아니고 탁상 같은 데 놓고 아이들 다 올려놓고 연락을 해서 부모들이 출입문으로 들어와서요, 이렇게 돌아요. 그래서 내 새끼 있는지 찾아보고.

면담자   우재는 그렇게 보셨겠네요.

우재 아빠   그렇죠. 근데 여기서 딱 들어가는데 딱 보이더라고. 딱 보여갖고 갔더니(한숨), 우재가 핸드폰 산 지가 얼마 안 됐거든요. 그거, 혼날까 봐, 이제 충전기 다 챙겨갖고 호주머니에 다 넣고 핸드폰도 꼭 쥐고 있고, 그리고 올라왔더라고.

면담자   "혼날까 봐"는 무슨 말씀이세요?

우재 아빠   핸드폰 새로 사줬잖아요. 근데 잊어먹고[잃어버리고] 할까 봐 그거 갖다가 그대로 손에 쥐고 있던 것 보니까 미안하죠, 이제. 그런 것도 보면, 지금 생각하면 미치겠더라고요. 엄마한테 혼날까 봐

막 여기다가 충전기랑 있는 거 다 챙겨갖고 왔으니까, 그대로. 옷도 그냥 입던 바바리까지 다 입고 그대로 올라왔으니까…. "구명조끼는 안 입고 있었다"고 하더라고요.

면담자 　　　 우재가 어디에서 어떤 상태로 있었는지 그 이후에 좀 알아보실 수 있었어요?

우재 아빠 　　　 그 예전에 조그만 비디오[로 찍은 영상에서] 식당 그런 데 다니는 건 봤는데, 들어갔다 나와서는 어디로 갔는지는 못 봤죠. 잠깐 보이다 만 게 끝이니까, 매점에서.

면담자 　　　 방에 있다가 나왔는지 어느 다른 공간에 있었는지는 지금 알 수는 없는 상태네요?

우재 아빠 　　　 그렇죠. 머리에 피가 좀 나니까, 나중에 부딪쳐서 그렇게 된 건지, 머리에서 막 유리 조각 이런 것도 있었고 그래 갖고 '거기 어디 부딪쳤나? 유리창이 깨진 곳도 있었나?' 이런 생각도 있었죠. 피는 계속 머리에 약간씩 나고 있었는데 닦아주고, 목덜미 있는 데 이런 데 유리 조각 있어서 거기 막 털고 그랬었죠.

면담자 　　　 손톱이나 이런 거는 괜찮았고요.

우재 아빠 　　　 손톱은 시꺼매 갖고, 얼마나 그거 한지는 모르겠어.

8

우재를 찾은 후의 상황

면담자　　　우재를 확인을 하고 나서 일반적으로 DNA 검사 하고 그랬었는데, 그 20일 날 그때 무슨 일이 있었어요?

우재 아빠　　20일 날, 그날 또 (한숨 쉬며) 그날 이제 목포로 가요, "목포 가서 DNA 검사를 한다" 그래서.

면담자　　　앰불런스 타고 (우재 아빠 : 네) 혹시 앰불런스였어요, 119차였어요?

우재 아빠　　아, 119차였죠.

면담자　　　119차를 우재 엄마랑 아빠랑 타셨어요?

우재 아빠　　아니에요, 저는 제 차를 갖고 가야 돼서. 제 여동생이 와갖고 여동생보고 "내 차를 갖고 오라"고 하고 난 그리로 갔죠. 갔는데 문제가 뭐였냐면 내가 병원에 딱 들어갈 때 우재가 먼저 들어갔어요. 근데 다른 애들도 있었는데 [DNA 검사] 하기를 제일 빨리했고, 그래서 확인 조사도 우재 같은 경우는 명찰도 차고 나왔고, 헌혈증도 있었고, 핸드폰도 있고 이래 갖고 거의 완벽한[완벽하게] 일치돼 갖고 그나마 좀 빨리 나왔어요. 그래서 빨리 병원에 갔죠. 그래서 어쨌든 차 대고 "DNA 검사한다"고 그래서 들어가서 "서류 쓰라"고 해서 쓰고 영안실에 들어갔죠. 그리고 좀 있으니까 ☆☆이 엄마가 나타나요. 그리고 이제 사람들이 막 와요. 근데 ☆☆이 같은 경우는 그 당시에 또 "살아났다" 그래 갖고 막 심폐소생술 하고 그랬어요, 거기서.

면담자	누가 살아났다고 그랬어요?

우재 아빠	☆☆이 입술이 막 빨갛게 돌아오는 거예요.

면담자	☆☆이가 살아났다는 얘기를 누가 먼저 했어요?

우재 아빠   ☆☆이 엄마가 "[아이가] 살아나고 있다"고, 이게 "파랗게 된 게 빨갛게 된다"고 그래 갖고 다시 병원으로 들어가 가지고 난리가 났었어요, 그때. 근데 결론은 안 살아났죠. 그러고 나왔는데 그날따라 날씨가 또 따뜻해졌어요. 나왔는데, 앰뷸런스가 쭉 서 있는데 누가 막 울어. 나가봤더니 영석이 아빠예요. 앰뷸런스에 애가 그대로 있는 상태에서 우는 거야. "뭐야?" 그랬더니 "냉동창고가 없다"는 거야. "그래서 어쩌자고?" 그랬더니 밖에다 그냥 이대로 놓는 거지, 이제. 그랬더니 화가 나지. 내려가 갖고 "말 같은 소리를 하냐? 이 기독병원, 큰 병원에 애들이 들어갈 데가 없냐?"고. 이제 그것 때문에, 그렇죠, 붙게 되죠, 경찰들하고. 그래 갖고 열이 받을 대로 받아서 편의점에 가서 우유 5리터짜리 사서 버려버리고 뒤에 가서 휘발유를 사러 가요, 끄스러 갖고 여기서 화장시키자고. 경찰 한 개 분대가 퍼져서 날 찾죠, 이제. 잡혔어요.

그래 갖고 어쨌든 기독교병원 안에서 난리 치다가 회사 사장님한테 전화를 했죠. "어떻게 좀 해달라"고, "애는 죽었는데 보내주지를 않는다"고. 우리 DNA 검사 했을 때 "부모들은 12시간 이상 걸리기 때문에 미리 해야 된다"고 해놓고, 그 DNA 검사가 나오면 "아이하고 하면 한 2시간에 나온다"는 애들이 지금 6시간이 지났는데도 안 준다고, 애들을. 다시 물어봤더니 "12시간 걸린다"고…. "장난하냐"고, 이 새끼들이. 그러니까 "사장님께서 많이 아시는 변호사, 판사 다 있으면 연락 좀 해갖고 어떻게 좀 해달라"고. 그랬더니 도리어 사장님이 울더 라고, "미안하다"고, "해줄 수 있는 게 없다"고. "회사에서 잘하는 새끼 가 이것도 못 하냐?"고 막 욕을 했죠, 제가. 사장님이 이제 또 미안하 니까 울면서 "못 도와줘서 미안하다"고 해서 이제 끊고, 이쪽 김병권 이 쪽에다 전화를 하죠. 그랬더니 "시발, 애들 이렇게 길바닥에 누워 있는 거 아냐고, 지금", "뭔 소리 하는 거냐?"고 [해선]. "애들 찾아갖고 지금 병원에 왔는데 영안실에도 못 들어가고 이 날씨 더워 죽겠는데 밖에서 썩고 있다"고, "이런 사실을 아냐?"고, "그 전에 갔던 애들도 다 이따위로 했었냐?"고 [했더니] "몰랐다"는 거예요. 뭐 "알아보고 빨 리 어떻게든 해달라"고, "쫓아가서 다 죽여버리기 전에" 막 이제, 그니 까 욕이란 욕은 다 했어.

그러고 이제 해경에다 전화하고 저 이모부한테도 전화해 갖고 얘 기하다 어떻게 하다 보니까 해경 실장하고 연결이 됐어요. 이제 그들 이 와갖고 이게 실장이 애들이 너무 많고, 또 정밀 조사[를 하느라 그렇 다는 거예요]. "느그들이 처음에 했던 말이랑 틀리지 않냐? 도착할 때 도 출발할 때는 2시간이면 된다며 왜 갑자기 애들을 안 주고 다음 날 주냐?"[라고 따졌죠]. 우리는 또 와갖고 이제 애들 찾았으니까, 영석이 네랑 앉아갖고 "이제 밥 먹자" 그래 갖고, 밥까지 차려놓고 밥을 먹으 려고 하는데 밥도 안 들어가서 한 숟가락도 못 뜨다가 나와버렸어요, 그냥. 어차피 갑자기 굶었던 배들이다 보니까 별로 먹고 싶은 생각도 안 들고, 그래서 이제 나왔다가 그런 상황이 된 거죠.

그러다 보니까 이제 밤, 그날 이제 저희는 그 20명 가족들이 전부 다 안산에다가 병원을 다 잡아놓은 상태잖아요, 근데 애들을 안 줘서 못 가는 상황이 되어버리고. 근데 오늘 안 가면 하루가 또 잡히잖아, 삼일장 치러야 되는 상황에서. 그러다 한밤 10시쯤 돼갖고 이제 해경 애들이 와요, 한 10명이 오더라고. "얘기 좀 하자"고 그래 갖고 "아, 얘기고 나발이고" 그랬더니 "아, 일단 들어오셔서 조용히 얘기하시자" 그래 갖고 얘기를 하는 거죠. "이게 법적으로 안 되는데, 아버님 자꾸 이러시니까 그럼 가라로 써서 일단 보내드릴 테니, 여기에 대해 만약에 '본인 자식이 아니라고 판단이 났을 때는 거기에 대한 책임을 분명히 지겠다'는 서명, 각서를 쓰라"는 거야. "무슨 개 같은 소리냐"고, 또, "내 새끼 뻔히 알고 있는데, 내 눈으로 내 새끼 못 알아보냐?" 그랬더니, "이게, 뭐라고 해야 되나…, 이게 제가 편하게 [말씀드리면] 부모 입장에서 이 상황을 좀 너무 급하게 하면 잘못 볼 수도 있고 한다. 그런 것 때문에 그런 거니까 [이해해 달라"고 하더라고요].

근데 욕 나가고 하다 보니까 "그러면 그냥 손으로 써서 일단은 보내드릴 테니, 그러면 거기에 대해선 '나중에 잘못된 건 전적으로 책임을 진다'라고 쓰고 가셔야 된다"고 하더라고요. "알았다"고, 일단은 보내자고 해가지고 이제 다 하고 갔어요. 근데 10시잖아요. 그래서 "나는 안 가고 아침에 간다"고 했어요. 우재 넣어놓고 아침에 6시인가, 6시쯤 돼서 출발했죠, 남들 다 가고. 근데 저희가 잡아놨던 병원이, 그 전에 오던 사람들 있을 거 아니에요. 다시 누구한테 뺏겼죠, 이제 없는 거죠. 없어진 상태에서 있다가 보니까 다시 또 "안산 장례식장에 자리 났다"고 그래서 6시에 가서, 아침에 가서 이제 잡고 그렇게 하게 된 거죠.

면담자　　　DNA 검사 등 하기 위해서 팽목에서 119차 타고 간 곳이 목포한국병원이에요? (우재 아빠 : 아니요) 기독병원이에요?

우재 아빠　　　아니요. 그 안에서 했어요, 안에서. 팽목에서 했어요, 팽목에서. 텐트 치고, 텐트 치고 처음에 딱 할 때 DNA 검사 한다고 해서 제가 먼저 갔어요.

면담자　　　제 얘기는, 일단 목포로 갔잖아요, (우재 아빠 : 아니요) 목포로 안 갔어요?

우재 아빠　　　안 갔어요. 그 텐트, 거기서 다 했어요. 거기서 먼저 가래서 내가 먼저 갔어요. DNA 검사 했는데, 하고도 한참 기다렸어요, 부모들이 많으니까.

면담자　　　애들은?

우재 아빠　　　애들은 찾아야지 하죠.

면담자　　　우재를 찾은 다음에는 목포로 가는 거죠?

우재 아빠　　　아, 우재를 찾을 때는 목포 가서 하는 거죠. 그건 병원 안[이]에요. 근데 병원에서 하는 장례식장 거기가 아니라 이 뒤쪽에 조그마한 데 있더라고요. 하나씩 놓는, 냉동창고 몇 개 없는 것 같아요. 거기서 조그마한 사무실 같은 데서 해갖고, 숨어서……

면담자　　　우재는 그러면 도착이 11시, 목포로 이동하고 하면 1시 심폐소생술 하다(우재 아빠 : 거의 1시 정도에 도착했죠) 1시 정도에는 한국병원에 도착을 했네요. 한국병원이죠?

우재 아빠	아니, 기독병원.

면담자	기독병원이었어요?

우재 아빠　　네. 한국병원, 기독병원 (면담자 : 두 군데로 나눠서) 아니요, 세 군데요. 세 군데로 나눠서 갔는데.

면담자　　그중에 이제 기독병원에 도착을 하셨고 (우재 아빠 : 네) 우재는 1시에 도착해서 그 이후에는 거기 냉동실에 들어갈 수 있었어요, 아니면 바깥에 있었어요?

우재 아빠　　우리는 들어가 있었죠.

면담자　　그러니까 영석이네 같은 경우에는 냉동실 (우재 아빠 : 못 들어가고) 빈 데가 없어서 바깥에 있었구요.

우재 아빠　　예. 영석이뿐만 아니라 다른 사람들도 다 바깥에 있었어요.

면담자　　밖이라고 하면 어디에요?

우재 아빠　　도로가에 (면담자 : 네?) 도로가요. (면담자 : 도로가에다가?) 그 큰길은 차 다니니까 그 뒤에 보면 뒷길 있잖아요. 그 뒷길에 그냥 주르르륵 세워놓은 거예요.

면담자　　이렇게, 우리가 이동할 때 쓰는?

우재 아빠　　아니, 그냥 앰뷸런스에 실어서.

면담자　　앰뷸런스 차가 쭉 서 있었던 거예요?

우재 아빠　　네. 근데 그 안에 에어컨을 틀어주는 것도 아니에요.

면담자　　　그건 앰뷸런스 차였어요, 119차였어요?

우재 아빠　　앰뷸런스하고 119랑 섞여 있지 않아요?

면담자　　　섞여 있었어요? (우재 아빠 : 네) 그러니까 애들이 결국
은 하루 종일.

우재 아빠　　그 안에 있는 거죠, 계속, 뜨뜻한 데.

면담자　　　날씨도 비교적 따뜻한 때였는데 바깥에서 있다가 밤에
서야…. 그러면 냉동실에 들어가지 않은 상태에서.

우재 아빠　　그 상태로 그냥 안산으로 간 거죠, 다.

면담자　　　그 차를 타고? (우재 아빠 : 네) 그 앰뷸런스이건, 119를
타고 바로 간 거네요.

우재 아빠　　그리고 나머지 부모들은 택시 태워서 보내고요. 같이
왔던 친가들도 있잖아요.

면담자　　　근데 우재는 미리 도착을 했기 때문에 냉동실에 들어가
있었고, 그래서 이제 우재 아빠는 여러 가지 고려를 해서 다음 날, 그
러니까 21일에 안산으로 왔군요. 안산으로 올 때는 마찬가지로 앰뷸
런스로 이송을 했습니까? 그때는 장례 영구차나 이런 건 하지 않았다
는 거네요.

우재 아빠　　그때는 뭐, 저희 초창기 때는 다 앰뷸런스로 갔고, 그
후는 장례차로 가든 헬기로 가든. 헬기로 갈 경우는 애들이 거의 많이
녹은 애들 있죠, 뭐라 그러나, 잡을 수 없는 애들, 오래돼 갖고 잡으면

다 흩어질 정도 된 애들은 어쩔 수 없이 헬기로 빨리 가는 거였고.

면담자   영구차로 아이들을 안산 장례식장까지 보낸다는 거는 기본적으로 죽음에 대해서 예를 갖춘다는 건데, 그 당시에는 그런 생각을 할 여유는 없었네요.

우재 아빠   그런 거 생각도 안 해봤죠. 그냥 '빨리 여기서 떠나서, 빨리 가서 어떻게, 어떤…', 그 생각밖에 없었던 것 같아요. 그냥 찾은 것만도, 처음에는 솔직히 첫날, 이틀이나 3일차까지도 올라올 때 '제발, 아니기를' 아직도 희망을 갖고 있었으니까, '제발 아니기를, 아니기를' 계속 그러면서 봤는데 100명 넘어가면서부터는 불안한 거죠, 이제. '제발. 왜 안 나오냐?' 이제부터 그러고 있는 거죠. 근데 우재 엄마한테 가서 왜 안 나오냐 할 수도 없고, 나오지 마라 할 수도 없고…. 어차피 이제 딱 3일 지났을 때는 끝났죠, 이제. '더 이상 에어포켓이고 나발이고 필요 없다, 어차피 애는 죽은 것 같은데 이제 찾아야 되겠다'는 생각밖에 안 들더라고요. 찾아야겠다고 하는데도 계속 다른 애들만 올라오니까 미쳐버리는 거죠. 문제는 낮에는 안 온다는 거죠. 그게 저희 부모들이 제일 화가 났던 게 그런 거예요. 낮에 그렇게 막 회의하고 계속하고 이러고 있다가 저녁에 좀 눈 좀 붙이려 그러면 하나씩 애들이 나와요, 그럼 또 우르르 가서 보게 되고.

면담자   그건 현재도 이유는 잘 모르죠?

우재 아빠   나중에, 지금 생각해 보면 그런 것도 생각을 해봐요. 그 당시에 여기서 뭉쳐서, 아빠들끼리 뭉쳐서 해경이랑 싸웠던 사람들 있죠? 병권이든, 나 같은 사람들이나 막 앞에서 쥐어패고 옆은 막 옆어버리고 [한 사람들은 아이가] 엄청 빨리 나왔어요. 그게 웰까 하는 생각이 들면서 '이것들이 골라서 찾아오나? 들어가서 얼굴 보고 올라왔다가 아니면 다시 내려보내고' 이런 생각까지 드는 거예요. 지금 생각해 보면 그 당시 앞에서 진짜 막 싸우던 사람들은 빨리 찾았어요. 이것들 안 되겠다 싶으니까 빨리 찾아서 보낸 것 같아. 지금도 그 생각은 변한 게 없어요.

9
장례 전후의 기억

면담자　　　좀 어려운 질문을 드리면, 아이 찾아서 올라가는 상황 전에는 정신이 없었을 거고, 이혼 얘기를 조금 하면 그때 어떤 후회 같은 것들이 몰려오거나 하지는 않았습니까?

우재 아빠　　　그건 했죠. 이혼, 엄마랑 같이 살면서 이런 상황을 당했던 거하고 떨어져 있다가 이 상황을 당하는 거하고는, 나중에 되게 미안하더라고요, 해준 것도 없고 맨날 소리 지른 거밖에 생각 안 나고. 뭐 잘해줬던 거는 지금도 생각이 안 나요, 못해줬던 것만 생각나고. 어쨌든 짧은 생인데 그동안 엄마하고만 같이 살았던 거고 아빠로서 해줬던 거는 없었던 것 같은 느낌, 그리고 이제 좀 여유가 생겨서 놀러 가려고 했던 것이 마지막이었다는 게 더 자꾸 이제 기억에 남는 거죠. 그게 좀 아프죠.

면담자　　　안산으로 올라오시기는 우재 엄마랑 같이 올라오셨어요? 어떻게 하셨어요?

우재 아빠   아니죠, 먼저 보냈죠. 딸내미하고 여동생하고 해서 같이 보내고, 그때 마침 우리 회사 동료들이 와갖고 그 차편으로 이제 우재 엄마하고 딸내미하고, ○○이하고는 보내고 여동생은 내 차를 갖고 가고, 저는 앰뷸런스 타고 가고….

면담자   그럼 우재 엄마가 먼저 안산에 와서 이제 장례식장이라든지 이런 것들을 또 준비하고 할 수 있었겠네요? (우재 아빠 : 네) 장례는 어떻게 치르셨어요?

우재 아빠   장례는 뭐 다른 데랑 똑같이 지냈죠. 처음 날 우재를 데려다가 병원에 놓고 있는데, 이쪽 상황이 또 어떻게 됐는지 몰라서 막 물어보니까 "임시로 만들어놓은 데가 있다"고 해서 갔죠. 그때 갔는데, 그때 우리 반 훈이, 장훈이 와 있더라고요, 준형이 아빠가 있어서. 대책위를 자기들끼리 하고 있었던 거예요. 일찍 찾아온 거죠. 둘이 얘기하다가 그러니까 어, 같은 반인 거야. "우리 반이 29명인데 10명은 나와야 장례 치르겠습니다" 그러는 거야. "뭐 어쩌려고?" 그랬더니, 들어온 지 3일 됐으니까 자기는 10명, 우리 반 10명 나올 때까지 장례를 안 치르겠다는 거죠. "지금 오셨으니까, 내가 대책위를 하고는 있는데 지금 정신이 없고 하니까 여기 와서 좀 위원장 같은 것도 맡으시고, 중책을 맡으셔서 해달라"는 거예요. "미친 거 아니냐?"고, "나 지금 방금 왔다"고, "애 찾아갖고 병원에 [우재를] 놓고 지금 바로 이리로 온 건데, 뭐 오자마자 이걸 하고 있는 상황이냐"고, "미친 거 [아니냐?"라고], "내가 이걸 할 수 있는 상황이 아니다, 지금. 일단 병원 가서 나중에 생각은 해보고 그때 가서 얘기하자" 이러고 병원을 왔어요.

그다음 날 이제 염을 해야 되는 상황이 됐어. 그래서 이제 우재를 딱 봤는데, 팽목에서 봤던 얼굴하고 여기 있던 얼굴이 확 달라진 거야. 근데 그 당시 그 팽목에 있을 때는 내가 애 사진을 찍을 생각을 안 했어요. 그 상황에서 애를 찍는다는 게 좀 그러잖아. 다른 애들은 찍어놓은 거 있는데 우재는 찍어놓은 거 없는 상태[였던 거죠]. 그렇다고 여기서 딱 찍었는데 이건 그 당시 얼굴하고 전혀 다른, 흑백인 거죠. 백인이 갑자기 흑인이 된 느낌 있잖아요. 아, 그거 보더니, 그래서 또 준형 아빠가, 아니 애들 10명 올 때까지…, 나는 [기다리지] 못 하겠더라고. 그래서 다음 날 왔어요, 왔더라고요. "나는 못 할 것 같아서 나는 삼일장 하겠다" 그랬더니 자기도 고민, 고민하다가 나중에 "오일장 치르겠습니다" 그러더라고.

근데 4일 날 되던 날 준형 아빠가 왔어요. 애가 바뀐 거지. 애 놓고 팽목으로 내려가게 되고, 안 올라오고 거기서…. 난 이제 장례를 치르고, 애 데리고 갔죠, 화장터로. 화장터를 딱 갔는데 마침 이제 친구들이 "같이 가자"고 그래서 우재 친구들 세 명하고 같이 갔어요, 그리고 선배인가 하나 있어서 또 같이 가고. 근데 그 선배가 갑자기 여기서 뭘 주려고 그래서 "뭐냐?" 그랬더니 카톡 온 게 있대요. "뭐냐?" 그랬더니 우재가 보낸 거래. "언제 보냈냐?" 그랬더니 17일인가, 카톡으로 사진이 온 거야. 지 얼굴은 못 찍고 발에 애들 있는 거 몇 장 찍어서 보냈더라고. 16, 17, 18일 정도에. '3일까지 살아 있었네?' 이 생각이 확 드는 거야. 그러면 그 전에 우리가 16일 날, 17일 날 바다로 나갔을 때 그 카톡이 온 게 있었어요, "아빠, 나 여기 몇 명, 애들 몇

72
우재 아빠 고영환

명이랑 살아 있다"고. 그때 아마 누구야 2반 여자애 카톡이었는데, 그 걸 나중에는 누가 장난친 거라고 해경이 그랬는데 근데 그게 사실이었던 거야, 그러면. 나중에 청문회 할 때 "사실로 밝혀졌다"고 그러더라고. 우재도 분명히 18일까지 살아 있었던 거죠. 울화통이 터지죠, 그런 게.

면담자   아까 준형 아빠는 준형이라고 착각하고 데리고 와서 바로 장례를 치렀으면 (우재 아빠 : 난리 났죠) 바뀐 걸 발견 못 했을 수도 있었네요.

우재 아빠   그 당시에 부모 세 분이 내 새끼라고 전부 다 했었어요. 근데 얼굴에 찍혀 있는 점이 너무 똑같은 거야. 준형 아빠가 자기 새끼라고 우겨갖고 데리고 왔는데, 나중에 해수부에서 그랬어요, 한 번만 더 열어서 확인해 보자고 했는데 "열면 죽인다, 아니면 죽여버린다"고까지 하고, 문을 딱 열고 자기가 주저앉아 버린 거죠.

면담자   준형 아빠가 8반 10명 올라오면 장례를 치르겠다고 한 게 그나마 엄청 다행스러운 일이었네요.

〈비공개〉

우재 아빠   그렇게 바뀐 게 세 번이 있었어요. 우리 우재가 올라오기 전에도 한 번 있었다고 하는데 우리는 몰랐고, 나중에 준형이는 알게 됐던 거고, "그 후에도 한 번 더 있었다"고 하는데, 그게 참 애매한…. 이게 문제가 뭐냐면요, 준형이 같은 경우는 어릴 때 이혼을 했잖아요. 엄마 자체가 안 와버리니까 아빠로 해서 DNA 검사를 해요. 근데 "아빠들 확률, DNA 검사가 92프로를 안 넘어간다"고 하더라고,

정확치가 않대. 나도 DNA 검사 하고 왔다가 잘렸어요. 엄마가 더 낫다고 해서 엄마로 다시 또 바꿔서, 처음부터 다시. 그것 때문에 또 한바탕 싸웠죠, "처음부터 엄마들 하라고 하지, 왜 아빠들한테 하라고하냐"고. "엄마들이 더 확률이 많다"고, 그래서 요즘 TV에서 남자들이 DNA 검사 했는데 98, 99점[퍼센트] 나오는 거 다 거짓말이구나, 이제알게 된 거죠.

면담자　　　　장례 끝내시기 전에 당시 자원봉사자들의 활동에 관해서는 어떻게 기억하세요?

우재 아빠　　　자원봉사자요? (면담자 : 음, 장례식장에) 자원봉사자는모르겠는데, 나는. 밖에서 일단 장례식장에 딱 들어갔는데 뭐라고 해야 되나, 돈 벌려고 하는 이런 거 있잖아요. 들어가자마자 어쨌든 장례절차를 밟아야 되니까 관도 사야 되고 옷도 사야 되고 막 이런 게 있잖아요. "관 저 좋은 거 쓰시고요" 막 이러는 거예요. 이 양반들이 애들화장하는데 무슨, 아니 화장하는데 왜 저 옷을 입어야 되냐고. "모시그런 거 입어야 된다" 그래서 "아, 그거 말고 저 하얀 거. 모시를 입고화장을 하면 뼈에 붙는 거 아세요?" 내가 도리어 물어봤다니까요, "당신들은, 화장, 이따위로 하냐?"고, "돈 벌려고 하냐?"고, "지금 장난하냐?"고. 입관[매장]하는 것도 아닌 애들한테 400만 원, 500만 원짜리, 800만 원 쓰라고?" 관도 뭐 오동인가 막 쓰라 그러니까 "아니, 그런 거필요 없고 화장 관 쓰면 되고, 애들한테 저런 뼈에 막 붙고 나 그거 싫으니까 저, 싼 거 70만 원짜리 하면 되겠다"고 [그랬더니]. "아, 다른 분들은 다 이런 옷……", "다른 분이고 나발이고 우리 집은 그렇게 안 해. 우리 집은 다 입관인데, 나도 지금 입관은 하고 싶지만 애가 장가를 못 가서 선산에 못 가기 때문에 어쩔 수 없이 [화장]하는 거긴 한데도, 애 몸에다가 저런 거 실 붙어 있고 [그런 게] 싫으니까 저거 제일 싼 거 저 거 70만 원짜리하고 어차피 화장 관 쓰면 되겠네" [그랬더니] 인상들도 팍팍 쓰더라고, 그 인간들이. 그런 게 좀 싫더라고요, 내가.

면담자   그분은 장례업자예요?

우재 아빠   아니 그냥 장례식장이니까, 병원에 와 있는 사람들이 와서, 오서서 골라야 되는 상황이니까, 다른 부모도 왔는데 저거 무조 건 비싼 거 막 이렇게 쓰던 부모들하고 전혀 상반된 거죠. 장례식장에 돈 많이 쓰는 것도 문제가 아니었는데, 돈 뭐 "지원을 한다"고 했는데 도 그건 아닌 것 같아서…. 나와서 음식하고 있는 데도 거기서 음식 나르는 사람들 자체도 그랬고, 걷어 가서 뭐 하는 사람들도 그렇고, 봉사자라기보다 돈 벌려고 하는 사람들[로]밖에 안 보이더라고.

면담자   학교에서는 누가 나와 있지 않았어요?

우재 아빠   학교요? 뭐 담당이라고 하나씩 있었던 것 같아요. 근데, 하여튼 꼴 보기 싫은 애들은 계속해서 다 내보내 버렸어요, "음식 모 자라면 내가 시킬 테니까 다 나가라"고. 나 아는 사람들, 회사에 있던 동생들이 와서 음식 나르고 다 했던 것 같아요. 밖에 하나는 계속 누 가 처다봐, 계속 처다보고 있는데도 뭘 치우고 있는 것 같기도 하고. 쫓아가서 "누구세요?" 물어보면 "아닙니다" 하고 가…. 일단 도와주 는 사람들도 다 내쫓아 버렸어요, 맘에도 안 들고.

면담자   처다보던 사람은 누군지 지금도 모르시겠네요.

우재 아빠   나중에 알고 보니까 여기 담당들 하나씩 있어서 이제 뭐 쓰는지, 음식 어떻게 나가는지, 시에서 나왔거나 어디서 나왔겠죠, 그런 사람들이겠죠.

면담자   장례 끝내고 거기서부터가 문제인데, 우재는 이제 엄마 집에서 있다가 수학여행을 가서 참사를 당한 거고, 장례가 끝나면 아버님은 우재가 살던 집이 아니라 아버님 계시던 집으로 가야 됐을 거 아니에요?

우재 아빠   그렇죠.

면담자   첫날 삼우제 가기 전에 장례 끝내고 일단은 집으로 가셨습니까?

우재 아빠   집이요?

면담자   장례 끝나고, 어디로 가셨어요?

우재 아빠   각자 갔어요.

면담자   우재는 어디로 갔어요? 화장 끝나고 하늘공원으로 갔어요, 어디로 갔어요?

우재 아빠   서호로.

면담자   서호로 이제 우재를 보내주고, 그다음에 우재 엄마하고 우재 동생은 (우재 아빠: 집으로 가고) 집으로 가고, 아버님은 혼자 (우재 아빠: 나는 내 집으로 오고) 집으로 오셨네요, 그때 느낌을 제가 좀 여쭙고 싶어서.

우재 아빠   그때요?

면담자   사실은 제가 다른 분께 이런 질문을 하기가 어려워서 우재 아빠한테 솔직히 여쭙는 건데, 이혼 가정에서 애를 데리고 있지 않았던 분들의 심정이 어떤 건지를 세상이 몰라요. 그래서 우재 아버님의 말씀을 통해 그런 거를 좀 전하고 싶어서.

우재 아빠   (한숨을 쉬며) 일단 장례 치르기 전날 우재 엄마 고모 측, 고모들, 우리 쪽 형들하고 이제 어머니도 있었지만, 〈비공개〉와갖고 [저에게] 하는 말이 "니가 잘했으면 사동에 살다가, 대출만 아니었어도 여기를[사동의 집을] 샀었으면 일로[선부동]도 안 왔고 단원고도 안 갔을 것이다. 니가 잘못해서 여기 집도 팔게 되고 일로 와서 사건이 더해지는 순간 다 니가 죽인 거다" 거기다가 이런 소릴 해버리니까, 그걸 또 듣고 있던 우리 형이 열받아 버렸죠, 이제. "지금 장례식장 와서 누가 잘하고 누가 잘못하고 문제가 아닌데, 그걸 갖다가 지금 동생한테 돌려놓으면 동생 어쩌라는 거냐"면서 집안끼리 싸우게 되는 거죠. 일단 방에다 다 넣어놓고 문 잠가버리고, "가시라"고 하고, 그렇게 싸우고 나서 애를 이제 화장터 가서 화장하고 나오는 순간까지도 뭐라 말을 못 하겠어요.

일단 아까도 얘기했듯이 친구들 와서 돈 얘기부터 하고···. 애가 어떻게 돼서 두 부부가 부모로서 이제 애 때문에 이런 상처를 딱 받았는데, 그런 마음에 대해서는 한마디도 말들을 안 하고 전부 다 돈, 돈, 돈, 돈, 돈만 얘기를 하는 거예요, 계속. 아까 나는 이 사건에서 '우재 엄마랑 같이 살아봐야겠다'란 생각도 갖고 있었던 상황에 주변 사람들이 그걸 망쳐버렸고···. 딸내미는 아직도 멍때리고 있는 상태···, 오빠가, 오빠의 죽음을 믿는지 안 믿는지, 웃기도 하고 울기도 하고 하니까, 얘 마음도 모르겠는 거예요, 지금. 걔도 어떻게 해야 될지. 쟤는 학교 다닐 때, 어릴 때 저렇게 당해버리니까, 오빠에 대한 게…. 그러니까 뭐 어쩔 수 없는 상황에서 이제 장례 치르고 오면서도 너는 너 갈 데로 가고 [나는] 나 갈 데로 가고, 이런 식으로 가야 될 상황이 벌어진 거죠. 〈비공개〉 딱 끝나고 장례식장, 화장터 가지고 거기서도 있는데, 같은 식구들이면 같이 밥도 먹으러 가고 이런 상황인데, 거기서도 이제 이렇게 나누어져서 가게 되고, 거의 울 때만 같이 있었을 뿐이지 뭐 할 때는 전부 다 나눠진 상태….

그러고 이제 집에 딱 왔는데, 보내고 영정 사진만 달랑 들고 와서 집에다 놓는데 허탈한 거예요, 뭘 어떻게 할 수 있을지 모르겠고. 그냥 사진 놓고 이틀 동안 멍때리고 있었던 것 같아요, 집에서 나가지도 않고. 그냥 '무슨 생각을 해야 되지'라는 생각보다 애 찾아서 와서 벌어졌던 상황들이, 다 막 가서 죽여버리고 싶은 생각이 드는 거예요. 대체 내가 뭘 얼마나 잘못해서, 진짜 내가 죽인 건지…. 부모가 돼갖고 살릴 수 있는 상황에서도 살릴 수 없었던 그 입장이었고, 힘도 하나도 없고, 우재가 살아 있었을 때는 아빠는 뭐든 다 아는 사람이었던, 슈퍼맨 같은 사람이었는데 막상 이런 상황 딱 당했을 때는 내가 한 것도 하나도 없잖아요 부모로서, 엄마도 그렇고 아빠도 그렇고. 근데 또 죽고 나서 또 한 게 하나도 없고 도리어 더 악화만 되고, 그런 조목조목한 모든 일들이 머릿속에서 막 돌아가는데 어떻게 해야 될지 모르겠어요, 내가.

술도 못 먹겠고, 제가 성질나면 술을 못 먹어요. 그냥 평상시 같으면 마시는데 화가 나면 오히려 안 넘어가더라고 이게, 한 잔도. 그래서 술을 못 먹어요. 남들 입장에서는 성질나면 술이라도 먹고 자빠져 잠이라도 잘 텐데 열받으니까 술도 안 들어가지. 소주병은 갖다 놨는데 억지로 안 들어가요, 목에 계속 걸리고. 이렇게 한 이틀 멍때리고 있다가 딸내미한테 이제 갔죠. 딸내미 잘 지내고 있는지 물어보려고 갔는데, 그냥 덤덤한 거예요 애가, 아무 생각 없고. 엄마는 뭐 울기만 하고 있으니까 더 이상 대화는 안 될 것 같고, 그래요 그냥, 그 상태였어요. 뭘 어떻게, 뭘 해야 되는 상황은 없었던 것 같아요. 지금도 그때만 생각하면 저는 멍때리고 싶을 정돈데 뭘 했는지 모르겠어, 그때는.

10
안산 가족대책위 참여와 초기 분향소 활동

면담자　　　그 이후에 와스타디움이나 미술관 쪽으로 나오기 시작한 건 언제셨어요?

우재 아빠　　　거기는 계속, 처음 생길 때부터 갔어요. 우재 엄마도 갔고, 나도 갔고.

면담자　　　그러면 와스타디움부터 갔겠네요, 일찍 올라오셨으니까. (우재 아빠 : 네) 와스타디움에 유가족 대책 사무실이 있을 때죠?

우재 아빠　　　네. 그때부터 갔고, 거기 들어가서도 많이 싸웠죠. 서로 부모가 못 믿어갖고 부모 맞냐고 하면서 막 싸우기도 하고….

면담자   근데 와스타디움에 사무실이 있을 때 공식적으로 대표 뽑고 그랬죠?

우재 아빠   그래서 거기서부터 이제 반 대표들을 뽑게 되죠, 거기서. 반에서 반장들 뽑아서, 반 대표 뽑아서 같이 서로 토론도 하고 어떻게 해갖고 하고, 과반수 손들어서 하고, 그때부터 이제 차례차례 하기 시작하죠.

면담자   8반은 그때 누가 대표를 했습니까?

우재 아빠   순철이, 재욱이 아빠, 재욱이 아빠가 먼저 했죠. 먼저 하다가 진혁이 아빠로 넘어갔다가 (면담자 : 진혁이?) 네, 최진혁이. 진혁이 아빠로 넘어갔다가, 누가 했지, 그다음에? 아, 그다음에 제가 했구나. 제가 하다가, 제가 이제 진도에 자꾸 있으니까 부모들이 올라와 갖고 내려오라 그래서 광주에서 만났어요. "아, 우재 아빠가 자꾸 진도에만 계시니까, 대표가 자꾸 거기 있으니까 이쪽 일이 안 된다, 내려놔라" 그래서 알았다고 해서 내려놨는데, 이게 상준이 엄마가 또 했죠. 상준이 엄마가 했는데 열흘도 안 돼서 그만뒀어요, 힘들다고. 그래 갖고 다시 이제 임희민이가 했던 거 [같아요]. 근데 걔도 한 1년 하다가 못 하겠다고 떨어져서 또 뽑다 뽑다 안 돼갖고 "그럼 제가 할게요" 해갖고 "내가 하는데, 난 한 5년 할 겁니다" 그래 갖고 지금까지 하고 있는 거죠.

〈비공개〉

면담자   그러다가 분향소로 언제 넘어오죠? 대충 시기가 기억이 나세요? 정부합동분향소가 만들어지면서 이제 텐트 치고 그리로 유가족 대기실도 들어오고, 미술관 안에 가족대책협의회 사무실이 들어가나요?

우재 아빠   그게 기억이 잘 안 나는데요, 그거는 언제쯤인지.

면담자   어쨌든 아버님은 장례 끝내고 집에 이틀 정도 계시다가 계속 나오신 거네요?

우재 아빠   네. 그러다가 이제 회사로 가죠, 회사에서 좀 나와달라고 해서.

면담자   언제쯤 회사로 출근을 하셨습니까?

우재 아빠   애 보내고.

면담자   장례 치르고 며칠 후 정도라고 보면 될까요?

우재 아빠   한 달 넘어서 갔어요, 한 달 이상 넘어서. 넘었다가 회사에서 자꾸 나오라고 하니까….

면담자   그럼 5월 말, 6월 초 정도겠네요.

우재 아빠   5월 말쯤 됐을 거예요. 우재가 생일이 5월 16일이에요. 그래 갖고 그때 지나고 갔을 거예요, 아마.

면담자   초기에 분향소에 나오셨을 때는 주로 어떤 일들을 하셨어요?

우재 아빠   초창기 때요? 그때는 뭐, 주변 저거죠, 단도리 같은 거 할 때. 안에 민지 아빠도 그때 있었나? 그리고 창문에 선팅도 해야 되고 밖에서 보이니까, 저것도 선팅해서 누가 못 보게 해야 되고 하니까 그런 거 하고, 엄마공방 있으면 선팅도 하고 밖에 문고리 같은 거 고치고 그런 거 [하고] 분향소 안에 들어가서 애들 보고 [그랬어요]. 그런 거, 잘못된 거 [제대로 해놓고, 그런 거 했었죠.

면담자   우재 엄마는 그때는 뭘 하셨어요?

우재 아빠   우재 엄마는 거의 안 나왔죠.

면담자   초기에는 안 나오셨어요?

우재 아빠   네. 그냥 반들 돌아가는, 당직 서는 날은 몇 번 왔죠, 초창기 때는. 1년 지나서부터는 이제, 뜻있는 엄마들끼리만 모였어요. 다른 반도 그러듯이 서로 되는 엄마들끼리만 따로 모여가지고 모임도 갖고 이렇게 하더라고요.

면담자   초기 조금 지나고 바로 당직 서기 시작하잖아요. 그럼 이제 우재 엄마랑 우재 아빠랑 같이 당직을 서면 그것 참…….

우재 아빠   서먹한 거죠. 제가 여기 딱 있으면 저쪽에 앉죠. 다른 엄마들이랑 앉아서 막 수다 떨죠.

면담자   처음에는 다 처음 보는 사람들이니까 이 집이 이혼을 했는지 모르다가 어느 시점엔가 알게 됐을 텐데, 그런 건 어떻게 알리셨어요? 자연스럽게 알게 됐나요?

우재 아빠   제가 말을 했죠. (면담자 : 초기에?) 네. 우리 반에 이혼이 좀 많아요, 이혼 가정들이 많아서.

면담자   아, 그렇게 지금 우재 엄마, 우재 아빠처럼 같이 나오는

82

우재 아빠 고영환

집도 있어요? 보통은 한쪽만 나오거든요. 아빠가 나오든 (우재 아빠 : 안 나오죠) 엄마가 나오든 둘 중에 한 사람만 나오거든요.

우재 아빠　　　같이 나오는 데는 없죠.

면담자　　　그러니까 우재네만.

우재 아빠　　　처음에 사람들이 전부 다 우리 이혼했다니까 안 믿었어요.

면담자　　　우재네만 그런 거로 제가 알고 있거든요.

우재 아빠　　　우리만 그래요?

면담자　　　양쪽이 다 적극적으로 움직이는 데는 우재네가 대표적인 걸로 제가 알고 있습니다. (우재 아빠 : 그래요?) 그래서 제가 이것저것 여쭤본 거예요. 두 분이 같이 나왔을 때, 예를 들어서 8반 사람들이 그걸 아느냐 모르느냐도, 모르면 더 불편하니까.

우재 아빠　　　다 알죠. 아니까 초기에 얘기를 했죠, "우리는 이혼했고 남이다". 근데 사람들이 이상하게 계속 쳐다보죠. 앉아 있으면 이렇게 따로 앉아 있잖아. 밥 먹을 때 먹기도 하고 말도 걸어요, "어떻게 지내냐?"고 물어보기도 하고. 근데 사람들이 보면 "저기 이혼한 거 맞냐?" 이런 것도 얘기도 해요, 위장 그런 거 얘기도 하니까. "난 그런 거 할 줄 모릅니다" 그러고 넘어가긴 하는데, 이상하죠, 자기들이 볼 때도. 그런 얘기도 가끔 들어서 "우재 엄마, 그냥 살아!" 이러는 거죠, 계속. 근데 나는 하는 말이 "살아보면 알아. 한 달도 못 살걸?" 막 이러는데, 그러면서 얘기하는데도.

83
·
1회차

면담자	당연히 우재 엄마도 똑같은 얘기할 거예요.
우재 아빠	그렇죠, 똑같죠.
면담자	이혼이라는 건 사실 굉장히 개인적인 차원의 선택인데

도 한국 사회에서는 주변에서 그걸 받아들이기 좀 어색해하거나 쉽지 않아 하거나 이런 것인데, 우재네는 자연스럽게 유가족 사회에서 두 사람이 다 같이 움직일 수 있는 환경을 만들어오신 거라고 보거든요.

우재 아빠 저는 우재 고등학교 1학년 때인가, 1학년 1학기 때고 ○○이 중학교 때니까 "엄마는 남자가 있는 것 같아" 이래서 내가 애들한테 대놓고 이랬는데 "아빠 새로 장가가면 안 될까? 어?" 이랬더니, 우리 딸내미 하는 말 "그러면 팥쥐 엄마가 나오는 거야, 콩쥐 엄마가 나오는 거야?" 이런 식으로 말하니까, 우재가 "절대 싫다"는 거죠. 고개를 절레절레 흔들어서 "그럼 아빠 늙어서 혼자 사냐?" 그랬더니 말을 안 해. "알았다, 그냥 혼자 살게" 그래서 이제 안 했던 거죠. 그러다가 이제 우재 없고 ○○이만 있을 때는, ○○이가 작년에 느닷없이 "아빠도 장가가야지" 이러는 거야. "니들이 가지 말라며? 가지 말래서 안 갔는데 니가 가라 그러냐, 이제 다 늙어서?" 그랬더니 "그래도 아빠 보고 있으면 나……" 자기도 이제 짠한 거죠, 자기가 볼 때는. ○○이도 여자애라 많이 컸나 싶은 생각이 드는 거야. 이제 와선 "아빠 이제 빨리 장가가. 혼자 그러고 있으면 어떡해", "가고 싶을 때 가라 해야지, 이제는 늙어서 누가 데려가겠냐?" 그랬더니 "아, 내가 아빠를 잘 먹여 살려야 되나, 그럼?" 이런 식으로 얘기를 하는 거죠. 저거 진짜 다 커서 그러는 건지, 장난하면서 그러는 건지. 엄마랑 사이가 안 좋아진 상태에서 제가 좀 끼어서 많이 하다 보니까 그렇게 할 순 있겠죠.

면담자   아버님이 끼어서 뭘 한다는 거는 모녀간을 좀 중재해 준다는 뜻입니까?

우재 아빠   많이 해주죠. 전화할 때 말하고 "엄마 입장에서 네가 생각을 해봐라. 나 같아도 너, 딸내미 욕을 하겠다. 집에 일찍 들어오고 공부 좀 열심히 하고" [하면], "공부하는데 '공부하라' 하는 게 싫다고!" 그러는 거야. 그래서 "공부하는데 네가 공부 안 하고 딴짓하니까 그러겠지" 그러니까 "그건 아니고, 내가 공부를 하려는데 엄마는 자꾸 '공부하라' 그러고. 내가 하고 싶은데, 하고 있는데 하라 그러니까 하기 싫어서 내가 자꾸 삐지는 거라고" [하더라고요]. "너도 사춘기 지났는데 왜 자꾸 그런 식으로, 엄마 입장을 생각을 하고 네가 엄마한테 좀 아양도 떨고 잘 하라고" [하면], "엄마랑 살기 싫다"고 [해서] "그럼 아빠랑 살래?" [하면], "(한숨을 쉬며) 아빠랑 살면……" [하면] 또 한숨 쉬고 있고, "그러니까 엄마랑 살어. 엄마가 그래도 낫잖아" 이렇게 얘기는 [하죠].

　그래도 어쨌든 중학교 때부터 참 사고 치면 우재 엄마도 나한테 전화하고, "네가 알아서 하라" 그러면서 싸웠던 적도 있잖아요. "뭐 할 때는 네가 한 거고, 잘못되면 나한테 전화해서 경찰관 만나고 하는 거는 나만 시키냐? 네가 가서, 넌 부모 아니냐?" [그러면], "아, 어찌 됐든 애 집 나갔으니까 빨리 찾아와 봐" 이러고 있고(한숨). 내가, 학교 주변 동네에 일진 하던 애가 우리 회사에 들어왔어요. 졸업을 했나? 졸업하기 전이죠. 근데 이게 알고 있는 게 참 좋더라고. 얘[딸 ○○이]를 딱 사진 찍어갖고 애[일진 하던 애]한테 딱 보내요. 경찰도 못 찾아. 딱 찍어갖고 애한테 딱 보내주고 "야, 우리 딸내미 좀 찾아줄래?" 이랬더니 "학교 어디 다녀요?", 어디 그러면 "잠깐만요" 하고 30분 내에 전화해요, 어디 있대. "어떻게 찾냐?" 그랬더니 발이 넓더라고요, 애들이. 착 전화하면 애들이 사진 주르르륵 보고 "어디 있다"고 딱 전화 와요. 가보니까 딱 있어. "여기서 뭐 하나?" 그랬더니 "어떻게 알고 왔어?" 그러면 "아, 가자" 하고 데리고 오고, 몇 번씩 그랬어요. 아, 이 조직 세력은 참 무섭다는 걸 알았어요(웃음).

| 면담자 | 우재 여동생, 지금 대학 갔다면서요, 전공이 뭐예요? |

우재 아빠   간호대.

면담자   간호대? 그건 또 반전이네.

우재 아빠   왜요?

면담자   아니, 뭐 사고 치고 그랬다 해서요.

우재 아빠   네, 사고 쳤는데 갑자기 공부하고 싶다고 그래서 공부를 해갖고 갑자기 막 전교 1, 2등으로 가더라고. 그래서 좀 놀랐어요(웃음). 갑자기 "공부가 재밌다"는 거죠. "그럼 해" 그랬죠. 근데 이제 엄마하고 트러블이 많았던 거지, 엄마가 [딸이 용돈] 달라 그러면 용돈도 안 주고.

면담자   대학교 잘 다녀요? 행복하게 잘 다녀요?

우재 아빠   이제 입학해야죠.

면담자　　　　아, 이번에 입학해요? 이번에 시험 봐서 들어간 거구나. 아이고, 지금 우재 아빠가 엄청 좋을 때네, 기분이. (우재 아빠 : 그렇죠) 딸내미 걱정을 엄청 했을 텐데….

우재 아빠　　　네, 걱정되죠. 진도도 혼자 와서, 왔다 가기도 하고 그랬거든요.

11
보상 처리 과정

면담자　　　　원래 2차 구술 때 보상 얘기를 하게 되어 있는데, 지금 이혼 상황 얘기를 쭉 해왔기 때문에 오늘 확인차 질문을 드릴게요. 지금 아이들이 법적으로는 아빠한테 양육권이 있고 실질적으로는 엄마가 애들을 데리고 있었는데, 그럴 경우에는 보상 처리가 어떻게 됐어요?

우재 아빠　　　그게 키우는 쪽으로 많이 기울었죠. 근데 이제 문제는 좀 다른 거가 많았죠. 이혼 가정 같은 경우는 거의 이거를 안 줬더만, 애 키우는 돈, 양육비를 거의 안 주는 사람들이 허다하더만요. 주다 안 주다, 아예 안 주다, 아예 안 주고 혼자 키우고, 받은 적이 없고 이런 식이다 보니까 "이쪽이 70으로 가야 된다, 80이 가야 되고, 얘한테는 20프로 줘야 된다" 이런 식으로 갔던 것 같아요.

면담자　　　　그러면 어떻게 신청을 합니까?

우재 아빠   일단은 합의를 하면 상관이 없는데 합의가 안 되면 해수부에서 생각하는 판단으로 하는 거죠.

면담자   엄마, 아빠가 양쪽에서 신청을 하면, 해수부가 판단을 해서 일종의 배분이랄까를 결정하는 구조였나 보죠?

우재 아빠   그렇죠. 그런데 저는 그 전에 우재 엄마한테 한마디했죠. "저들, 부모들처럼 돈 갖고 싸우고 싶지 않다. 그냥 깨끗하게 5 대 5 하자. 뭐 돈 더 가지면 뭐 할 거고, 그것 때문에 너랑 나랑 또 싸워서 또 다시 변호사랑 싸울 일 있냐. 그냥 5 대 5로 가자" 그래서 저는 쿨하게 그냥 5 대 5로 갔어요. 싸울 일이 없었던 것 같아요.

면담자   그럼 보험이나 배·보상 처리할 때 우재네는 복잡한 거 없이 딱 50프로, 50프로로 나눠서 하신 건가요?

우재 아빠   앞으로 나오는 보상 모든 거, 내 거 보험도 그렇게 가져가는 식으로, 그거는 내 건데. 그거는 어쩔 수 없는 상황인데도 어차피 반반 이런 식으로 했으니까. "우린 돈 갖고 싸우지 말자, 다른 사람처럼" [해가지고 그렇게 처리했어요].

면담자   개인보험 든 것도 지금 50 대 50으로 나눈 거네요?

우재 아빠   아니죠, 그건 내가 4000만 주고, 6000은 내가 가져갔어요. 내가 1000만 원 더 가져간 거죠, 내가 보험 든 거니까.

면담자   우재 이름으로? 그건 무슨 보험이었어요?

우재 아빠   애들, 자녀 보험 같은 거, 일반.

면담자   보험을 1억짜리를 들어놨는데.

우재 아빠   1억짜리를 든 게 아니라요, 이게 참 부모들이 바보들이 되게 많았어요 250가구 중에, 애들이 고등학교에 들어가면 보험을 바꿔줘야 돼요, [근데] 중학교 때 보험을 그냥 갖고 간 거야. 그래서 3000만 원, 4000만 원, 사망보험금이. 거의 2500, 3500, 많이 받아야 3500, 4000 받았을걸요?

면담자   사망보험금?

우재 아빠   네. 근데 그걸 안 바꿔놔 갖고, 고등학교 올라갈 때. 나는 바꿨고, 단지 외국 걸로 안 들어서 좀 적은 것뿐이고. 외국 같은 경우는 1억 5000까지 나왔으니까. 부모들 거기서도 많이 못 받았을 거예요, 아마.

면담자   그래서 사망보험금 1억 나온 거는 6000, 4000으로 나누셨고, 어떤 걸 5 대 5로 나누셨어요?

우재 아빠   그 전에 학교에서 받았던 거 1억은 어차피 반반으로 나눴던 거고. 개인보험 있던 거는 그것도 반반인데, 우재 엄마도 주변 사람들이 그거 보험 3000만 원, 4000만 원 이랬으니까 "뭐 얼마 되겠어, 너 해라" 이랬는데, 갑자기 돈이 1억 되니까 마음이 바뀐 거죠, 내가 볼 땐 그런 것 같아.

면담자   우재네는 소송은 같이 갔습니까, 아니면 보상을 받으셨습니까? 이혼 가정은 소송하기가 좀 어려웠던 것 같은데요.

우재 아빠   아, 그거요? (면담자 : 국가배상금 소송이요) 그거는 초창기 때에 똑같이 했던 얘기예요. 돈 갖고 싸우지 말고, 애들 진상 규명

89
·
1회차

은 해야 되니까, 돈 받으면 못 하니까 소송 걸고 그냥 가는 거고. 뭐 돈 없다고 해서 그거 내 돈 아니고, 없는 돈 셈 치고 같이 가는, 끝까지 같이 가는 거라고, 그래서 소송도 같이 갔어요.

면담자   그럼 우재 엄마, 아빠는 이혼 가정임에도 불구하고 국가 상대 소송을 같이하셨네요.

우재 아빠   ○○이도 해서 같이 갔죠.

면담자   몇 명이었죠? 120몇 명인가 그 정도 됐죠?

우재 아빠   120몇 가구였나?

면담자   하여튼 130 좀 안 되는 가구수였던 것 같네요.

우재 아빠   어머니도 되는 줄 알았으면 같이했을 건데, 나중에 알았죠.

면담자   판결이 끝나서 국가배상을 받으셨습니까? (우재 아빠 : 네) 그것도 이제 50 대 50으로 딱 나눠가지고?

우재 아빠   그렇죠.

〈비공개〉

면담자   1차 구술을 마무리하려고 하는데, 우리가 잘 모르고 있던 사실을 오늘 많이 말씀을 해주셨어요.

우재 아빠   제가요?

면담자   네. 진도에 도착해서 초기에도 저희가 잘 몰랐던 새로운 얘기들이 많았고요, 그다음에 이혼 가정의 특성과 관련해서도 여러 가지 말씀을 해주셨고요. 애들이랑 자주 보긴 했지만 거주를 같이 하지 않는 상태에서 우재를 잃은 아빠의 마음 같은 부분도 차근차근 잘 말씀해 주셔서 정말 감사드립니다. 다음에는 우리가 했던 투쟁에 대한 얘기, 이런 거를 좀 여쭤볼 거예요.

우재 아빠 투쟁이요?

면담자 네, 시간을 짚어가면서 얘기를 하려고 합니다.

우재 아빠 투쟁이 뭐 있나요? 그냥 버티는 거밖에 없었던 것 같은데.

면담자 제일 앞에, 이제 기억을 되돌리면 5월 8일인가 9일인가, KBS 항의 방문부터 시작되거든요.

우재 아빠 아, 그때요?

면담자 그래서 그 얘기부터 내일 아침에.

우재 아빠 아, 그때 아주, 나 그때 생각하면 진짜….

면담자 말씀을 듣게 될 겁니다. 일단 1차 구술 여기서 마치도록 하겠습니다.

우재 아빠 고생하셨습니다.

2회차

2019년 2월 11일

1 시작 인사말

2 참사 후 분향소 설치와 초기 상황

3 KBS 항의 방문과 청와대를 향한 시위

4 국정조사 요구와 버스 투어 활동

5 국회 농성에 대한 기억

6 특별법 제정 국면의 간담회 활동과 팽목항 상황

7 수색 중단 전 팽목항의 상황

8 팽목항에 상주하게 된 과정

9 진도 팽목항에서의 생활

10 사단법인 설립에 대한 평가

11 인양 시작 후의 변화

1
시작 인사말

면담자   본 구술증언은 4·16 사건에 대한 참여자들의 경험과 기억을 기록으로 남김으로써 이후 진상 규명 및 역사 기술에 기여하고자 합니다. 지금부터 고영환 씨의 증언을 시작하겠습니다. 오늘은 2019년 2월 11일이며, 장소는 안산시 단원구 4·16기억교실 교육장입니다. 면담자는 김익한이며, 촬영자는 강재성입니다.

2
참사 후 분향소 설치와 초기 상황

면담자   어제에 이어서 오늘 2차 구술 면담인데요. 당시 유가족대책협의회가 와스타디움에서 정부합동분향소로 이동할 때 물론 참여하셨지요? (우재 아빠 : 네) 예를 들어 짐기나 이런 것들은 어떻게 옮겼어요?

우재 아빠   그때 무슨 차량으로 옮기긴 했는데, 어쨌든 안산시에서 지원을 했겠죠?

면담자   처음에 분향소 쪽에 갔을 때 사무실은 어디 있었습니까?

우재 아빠   사무실이요? 그때 사무실이 있었나? 그때 막 만들기 시작했을 건데요. 그때에도, 아빠들 대기소도 그때 만들고 있었던 시점이었고.

면담자 　　미술관 바깥에, 분향소 앞쪽에 천막을 만들기 시작했다, 이런 말씀이시죠? (우재 아빠 : 네) 미술관 안의 사무실을 쓰기 시작한 건 언제예요?

우재 아빠 　　처음부터 그쪽에다 쓴다는 합의는 돼갖고 그쪽에다가 이제 회의장도, 운영위 회의장도 거기 있었고, 사무실도 있었고···. 처음에는 그쪽에서 사무실을 꾸렸던 거고, 기억할 수 있는 공간을 만들려고 했던 거는 저쪽에 바깥으로 나와서 컨테이너에다가 따로 만들어서, 거기서 모든 자료 보관을 했었죠. 사무실은 그쪽에 안에 있었던 거고.

면담자 　　그러니까 경기도미술관 들어가면 바로 오른쪽 공간에?

우재 아빠 　　처음에 오른쪽에 있다가 왼쪽으로 옮겼죠.

면담자 　　제 기억에 이렇게 현관문 열고 들어가면 바로 오른쪽에, 처음에 민변[민주사회를 위한 변호사모임] 사람들도 와 있었던 것 같은데요.

우재 아빠 　　아, 그때는 변호사들도 많이 있었죠. 그 우리 개인적으로 그러니까 1인당, 뭐라고 해야 되나, [개별] 상담소 같은 거 있잖아요, 법적인 거. 뭐 가정법원도 있었고 개인적인 뭐, 어떻게 하나 그런 거에 대한 변호. 법에 대해서 전혀 모르던 사람들이다 보니까 이제 거기에 대해서 물어볼 수 있는 변호사들이 있었어요. 처음에는 미술관에 있다가 나중에는 저희 바깥쪽에 부모들 대기소가 있었어요, 엄마들하고. 그쪽 바깥에도 몽골텐트를 쳐갖고 그 안에도 있었어요. 많이 물어보다가 나중에는 욕만 하고 나왔죠, "대한민국 법이 이런지는 몰

랐다"고. "모든 법이 이러냐?"고 그랬지. 일단 법 구조상 얘기를 듣다
보니까, 내가 아는 법과는 전혀 틀린 법이 막 나오다 보니까 "당신하
고 얘기 안 된다"고 그래서 나와버렸어요. 부모들 몇 명 다 들어가는
데 뭐 얻을 수 있는 거 얻은 사람은 아무도 없었던 것 같아요. 전부 다
나와갖고 씩씩거리고 있었으니까, 전부 다. 내가 알고 있던 법은 아니
었던 것 같아요, 우리가 이길 수 있는 게 하나도 없었어요.

면담자   들어가자마자 오른쪽 공간에서 조금 더 들어가면 안쪽
에 카페가 있고, 카페와 그 공간 사이에 그 당시에 기자회견장처럼 쓸
수 있도록 배치를 했었죠?

우재 아빠   기자회견보다는 이렇게, 좌담할 수 있는 데? (면담자 :
음, 큰 회의실처럼) 네, 그런 거 있었고.

면담자   그리고 왼쪽으로 돌아서 들어가면 그때 가족대책위 사
무실이 배치가 되어 있었고.

우재 아빠   네, 안쪽엔 또 변호사들 있는 쪽도 있었고.

면담자   네. 그러면 이제 정부합동분향소 앞에 텐트가 쳐지기
시작했을 때, 어떤 텐트들이 들어오기 시작했는지 혹시 목격을 하셨
습니까?

우재 아빠   종교 단체가 먼저 들어왔죠. 천주교, 불교, 그다음에 적
십자도 들어오고, 그렇게 들어왔던 것 같아요.

면담자   자유총연맹이 들어와 있었던 건 혹시 아세요?

우재 아빠   그 당시에 누가 들어오고 그런 거에 대해서 관심이 별

로 없었어요, 저희 쪽 뭐 하는 것만 신경 썼지. 맨날 들어오는, '뭐 들어오나 보다' 하면서 저들은 왜 들어오는지 모르겠던 상황[이었죠].

면담자   일단 유가족들을 위해서 제일 먼저 만들어진 게 유가족 대기실이었죠. (우재 아빠 : 네) 여기 그때 텐트가 몇 동이나 쳐졌어요?

우재 아빠   그때는 컨테이너가 들어왔죠? (면담자 : 컨테이너는 그 뒤에) 뒤에 들어왔나? 나중에 들어왔나? 아, 처음에는 천막 쳤다가 겨울에 추워서 그랬나 보네.

면담자   겨울 전에 이제 컨테이너로 바뀌었어요.

우재 아빠   몇 개라고 보기는 좀 그런데 그게, 몇 개 연결해 갖고 쭉 보니까. 그런 건 별로 관심이 없었어요, 또.

면담자   제가 제일 인상 깊었던 거는 그 가족 대기실 가운데 문 바로 맞은편이 흡연실이었어요, 흡연 공간이라고나 할까?

우재 아빠   처음에는 그런 것도 없었죠. 그냥 아무 데서나 다 피웠었는데 나중에 만들어진 거예요, 그거는.

면담자   제가 진도에 있다가 6월 9일엔가 올라와서 이제 안산을 갔었거든요. 근데 그때는 안산에 아는 사람이 없으니까 진도에서 뵌 몇 분을 뵈었는데, 지나가다 보니까 그 오른쪽에 간이 의자를 두고 담배들을 피우시더라고요.

우재 아빠   거기 이제 창고로 쓰려다가 흡연장이 된 거고, 저녁마다 또 술 먹고 하니까 병 치우기도 그렇잖아요. 그래서 박스에 넣어서 거기다 보관하기도 하고. 그러다가 이제 비 오고 그러니까 세영 아빠하고 민재 아빠가 "천막 치자" 그래 갖고 세영이가 가서 파이프 잘라 갖고 오고, 사 오고 해서 같이 텐트 치고 바람막이 만들고 그랬던 것 같아요.

면담자　비가 와도 흡연을 할 수 있게 했다는 얘기죠?

우재 아빠　그렇죠. 바깥으로, 어차피 컨테이너 안에 들어와서 피워야 되는 상황이니까, 나와서 얘기도 하고 해야 되는데 "너무 좁다" 그래서, 바깥으로 나와서 피울 수 있게끔 딱 쳐놓고 담배 피우기로 했던 거죠.

면담자　누가 만들었다고요?

우재 아빠　민재 아빠랑, 세영이가 이제 밖에 나가서 재료, 자기 아는 데 가서 용접해 갖고 오고, 파이프 사갖고 오고 그렇게 해서 이제 만들었죠.

면담자　유가족들이 그때 굉장히 날카로운 시절이니까, 이야기도 좀 나누고 할 때 흡연 공간이 편했어요. 제가 우재 아버님을 처음 뵈었던 것도 그 흡연 장소에서 처음 뵈었어요, 아버님은 기억을 못 하시겠지만. (우재 아빠 : 아, 그래요?) 아무래도 담배 한 대 주고받으면 뭐 이야기도 좀 편하게 되고 하니까, 저는 그 자리에 비교적 많이 간 편이었죠.

우재 아빠　외부 사람들이랑 별로 얘기 안 했던 것 같은데.

면담자　저도 담배 피우고 인사만 하고 갔죠(웃음). 거기에 컨테이너 박스를 넣어야 된다는 문제 제기를 주로 어떤 분들이 하셨어요?

우재 아빠   오는 사람들, 부모들 다 그렇게 얘길 했죠. 컨테이너보단, "천막 치는 것[은] 춥고 하니까 난로도 피워야 된다" 그래서, 난로는 불날 수도 있고 하니까 거기에 대해서 얘기 많았죠. 그러다 보니까, 그러다가 갑자기 컨테이너 들어온다 하니까 그때 한번 정리 싹 하고 다시 컨테이너 들어오고, 마무리는 아빠들 몇 명이서 자주 나오시는 분들이 선팅도 하게 되고, 집 기자재 갖다 놓고 이랬던 것 같아요, 뭐 필요하니까. "복사기도 있어야 된다" 그래서 복사기도 갖다 놓고, TV 갖다 놓고.

면담자   복사기 같은 것은 어떻게 갖다 놓습니까? 안산시에서 지원을 합니까?

우재 아빠   안산시에서 지원을 했던 것 같아요. 그리고 그 당시에 배에서 아이들이 돌아다니던 영상이 있어요. 그거를 이제 봐야 되는 상황이 왔어요. 근데 전체적으로 한꺼번에 보기로 했었는데, 시간이 너무 많이 걸리다 보니까 대기실 컴퓨터 갖고 TV에다 꽂아놨어요. 계속 보는 거예요, 와갖고. 그러다 보니까 그거 때문에 사람들이 더 많이 왔죠, 계속. 근데 이만한 화면이잖아요, 육십몇 기가 이렇게 쓰여 있으니까. 거기서 계속 애들 나가는 모습 보는 거죠, "어, 우리 애들 나왔다" 그러면서. 저녁에 이제 모여서 술 한잔 먹으면서도 계속 그거 보고, 그거 보면서 한 달 넘게 있었던 것 같은데.

면담자   지금 말씀하신 그 영상은 무슨 영상이에요?

우재 아빠   세월호 안에서 애들 (면담자 : CCTV?) 네, CCTV 그 영상 있잖아요.

면담자   CCTV 영상을 가져다가 PC를 통해서 TV 화면에 띄워 가지고 유가족들이 한 달 정도 봤다구요?

우재 아빠   꽤 오랫동안 봤어요. 어느 날부터는 이제 그게 없어졌던 것 같아, 누가 빼갔는지 없어져 갖고. 나중에 그걸 "구워서 준다"고 했었는데 다 받은 걸로 아는데, 그때 아마 가족들 다 줬을 거예요, 한 명씩 다.

면담자   가족 대기실에 우재 아빠 자주 계셨던 것 같아요. 거의 매일 나가셨습니까?

우재 아빠   별다른 일 없으면 그냥 의무적으로 가게 되더라고요, 할 일이 없어도 가게 되고. 다른 데 가기 좀 그렇잖아요. 저녁에 술 마시러 가기도 그렇고, 술 마시러 가는 것도 눈치 보이고. 술 먹거든 저쪽에서 막 쑥덕쑥덕 대는 것 같고, TV에서 세월호만 나오면 저기서 또 뭔 말 하고 있는 것 같고, 자꾸 들으면 나중에 싸움도 날 것 같은…. 그래서 자꾸 [다른 데는] 못 가게 되니까 대기소 와서 저녁에 아빠들하고 술 한잔하는 게 낫죠, 더 편하고. 아니면 집에 가서 혼자 먹던가.

면담자   지금 아버님이 말씀하신 "어디 가서 술을 한잔하려 해도 텔레비전 뉴스에 세월호가 나와서 사람들이 무슨 얘기를 하면 욱할까 봐" 이 얘기는 꼭 어디 술집에서만 나오는 얘기가 아니고 거리에서건, 어떤 건물에서건, 지하철에서건, 버스에서건 다 해당되는 이야기겠네요?

우재 아빠   그렇죠. 근데 이제 제가 다니던 동네잖아요, 살던 동네.

제가 이제 안산 이쪽은 거의 산 적은 없고, 거주지는 이쪽에 있었지만 실제로 거의 생활은 시화 쪽에서 많이 했잖아요. 이쪽도 많이 알긴 하는데 시화도 많이 알죠. 근데 그분들하고 또 가서, "오라" 그래서 가면 또 술 한잔하면서도 얘기를 하고 있으면, 초창기 때는 좀 좋게, 좀 이렇게 포장, 포장이랄까 부모님들한테 얘기할 때는 위로죠, 위로. 그런데 그 위로도 자꾸 받으니까 화가 나더라고. "이제 그만하시죠" 그러면 더 이상 듣고 싶지 않은 얘기인데도 자꾸 얘기를 하시니까. "이제 그만하시고 그냥 술이나 먹을게요" 그러면 또 그 얘기하다 보면 또 얘기 또 나오고 그러면 옆에서 또 손님들 얘기하다 보면, 지나가던 동네 사람들 있을 거 아니에요. 자꾸 막 부딪치다 보니까 또 얘기하고 또 얘기하다 보니까 술 먹는 게 아니라 눈물, 눈물 나는 거예요. 미치겠는 거예요, 이제 계속. 말을 하다 보니까 나도 모르게 울고 있고 막 그러고 있어요, 어느 날 보면. 뭐 하고 있으면 계속 눈물, 울고 있고…. 영화나, 보통 옛날 같으면 드라마 보고 그러면 '어, 그런가 보다' 하는데도 지금도 그런 장면 보면 울어요, 나도 모르게 막. 설움이 막 올라와 갖고, 슬픈 거 보고 싶지 않아. 가족 상 [나고 이런 게] 보고 이러면 더 미쳐버리겠더라고, 그런 거 보면.

면담자　　　지금 얘기한 대로 호프집이라든지 또는 사람들이 좀 많이 있고 대화를 하는 그런 식당 같은 데 가실 때는 지금도 좀 불편하셔요?

우재 아빠　　　지금이요? 아는 집만 가죠. 다른 집은 안 가죠, 웬만하면, 모르면.

면담자   아는 집이라 하시면.

우재 아빠   주인 집[주인을] 아는 집. 한쪽, 보통 그냥 의무적으로 구석으로 가게 되더라고요. 아예 딱 가면 미리 전화하고 가면 '그쪽 자리는 내 자리' 이렇게 있든가 아니면 들어가서 바로, 입구에 들어가서 오른쪽에 있든지, 그렇게 되는 거 같아요.

면담자   그러면 유가족이라든지, 유가족들과 함께 활동을 한다든지 해서 이야기가 편한 사람을 제외하고는, 이야기가 섞이는 거 자체가 아주 싫으셨다는 이야기네요?

우재 아빠   그렇죠. 잠시만요.

(전화 통화로 잠시 중단)

면담자   얘기를 다시 분향소로 돌아와서, 처음에 분향소에 갔을 때 엄청난 수의 사람들이 왔잖습니까? 그거는 어떠셨어요?

우재 아빠   일단 분향소가 딱 됐는데 분향소는 못 들어갔었어요. 입구 딱 들어갔다가 숨이 탁 막혀갖고 못 들어갔다가, 사람들 오는 건 많이 봤죠. 어떤 사람들인지 이렇게 쳐다도 보고, 들어갈 때하고 나올 때 표정도 보고…. 근데 모르는 사람들이 들어가서 저리로 나올 때는 전부 다 얼굴이, 진짜 막 상기되고 울고 나오시는 분 엄청나게 많더라고요. 어, 나도 들어가긴 들어가야 되는데 자신이 안 생기는 거예요. 한동안은 진짜 못 들어갔던 것 같아요, 거기. 그래서 어쨌든 용기 내서 한번 들어갔죠. 말도 안 나오고 그냥 눈물만 나더라고요, 갔더니.

　어쨌든 이제 아들은 어디에 위치해 있는지는 아는데, 들어갔는데 이제 처음 화가 난 거는 옆에서 어쨌든 손님들이라 생각하고 오면 자리 양보하고 길, 노선 알려주잖아요, 꽃도 주고. 서 있었는데 옆에 와서 이제 그 얘기를 하는 거예요. '아, 저 인간들 나 유가족인데 왜 나한테 왜 이러지?' 막 이런 생각이 드는 거예요. "아, 저 애 보러 왔다"고 이랬더니 "이리로 가시면 된다" 그러니까, "아니, 나 유가족인데요?" 그랬더니 아무 말도 안 하더라고요, 그때부터는. 근데 그런 얘기를 꼭 해야 되나 하는 생각이 드는 거예요, 거기서도, 분향소에 들어가서도. 어쨌든 이 양반들 우리 도와주려고 상주하고 계신 분들이긴 한데, 내 입장에서는 '나를 모르나?' 하는 생각, 막 나 들어가는 순간에 내가 꼭 유가족이라고 해야 세월호, 그런 분 대우를 해주는 그런 느낌을 받는 것 같고…. 그리고 뭐 하려고 해도 누가 쫓아다니고 계속 쳐다보는 느낌 있잖아요, 뭔가 뒤에가 막 따끔따끔하기도 하고. 그래서 이제 한 바퀴 애들 슥 보고, 선생님부터 해서 쭉 보고 돌아 나온 뒤로, 그 뒤로 한 6개월은 안 들어갔던 것 같아요, 그쪽에. 가끔 이제 대기실에 있다가 분향소 안에 누가 난리 치고 있다 그러면 들어간 적은 있는데, 개인적으로 아들을 보러 들어간 적은 없었던 것 같아요.

면담자　　　그만큼 들어가기가 쉽지가 않았네요?

우재 아빠　　네, 거기가 진짜 힘들었던 데 같아요. 아들만 보다가 갑자기 탁 들어가서 전체를 보려니까 그건 되게 힘들었어요.

면담자　　　사실 팽목에서도 아버님이 시신을 아주 많이 보셨잖아요. 혹시 그게 꿈에 나타난다든지 그러진 않으셨어요? (우재 아빠 : 꿈에요?) 그러니까 우재가 아빠를 보러 오는 꿈 말고, 두려운 꿈이랄까 그런 거요.

우재 아빠   글쎄요. 제가 시신을 많이 봐서 그런가, 저는 그런 거는 별로. 남들 처음 시신을, 죽음이라는 걸 나도 처음 대할 때는 되게 무섭고 힘들었었는데, 군에 있을 때 이제 그걸 많이 보고 만지고 닦아서 이렇게 보내고 하는 것도 해봐서 시신에 대한 두려움은 별로 없었던 것 같아요.

면담자   그래도 그나마 다행이네요. 그게 굉장히 큰 스트레스로 불면증 같은 걸 겪기도 하더라고요.

우재 아빠   제가 태어나서 진짜 안 해본 게 없었던 게, 군에 갔을 때 유행성출혈열이라고 아세요? 유행성출혈열에 걸려갖고 다 죽고 나만 살았어요. (면담자 : 군에서?) 네, 그래서 지금도 군에 보면 사망 찍혀 있어요. 병원에, 군통합병원에 갔다가 어쨌든 살아나서 거기서 8개월 있었나? 그러면서 주사 놓는 거, 링겔[링거], 맥박, 혈압 재는 거, 기본 그 배우고, 거기 있던 같은 동료들 죽어 나가면 시신도 닦아서 보내고 그런 것도 했었어요. 근데 그러다 보니까 여기서 이제 이런 것도 보면 담담하죠.

3
KBS 항의 방문과 청와대를 향한 시위

면담자   이제 분향소 쪽에 가족대기실도 생기고, 가족들이 모일 수 있는 환경이 되고 한 상황에서 제일 처음 문제가 된 게, 2014년 5월 초에 KBS 김시곤의 발언이 문제가 되어서 KBS 항의 방문을 했다가 청와대로 가는 일이 있잖아요? (우재 아빠 : 네) 그때 두 가지만 좀 여쭙고 싶은데, KBS에 협의하러 몇 사람이 들어갔죠?

우재 아빠 　　못 들어갔죠.

면담자 　　결국은 못 들어갔어요? (우재 아빠 : 네) 대표로 누가 들어갔고, 어떤 협상을 했는지 혹시 아시면 듣고 싶어서요.

우재 아빠 　　사과받으러 갔죠 저희가, "사과하라"고. 근데 화가 났던 거는 대통령도 이렇게 안 지키는데 일개 사장, 그 많은 경찰, 3000명인가 그때 깔린 것 같던데? 일개 사장 지킨다는 자체가 어이가 없는 상황이었어요, 그때. 그래서 일단 "우리 대표단이 들어가서 얘기를 하자" 해서 이제 꾸려서 나가기로 했는데, 그때도 아마 1, 2기들이었을 거예요. 김병권이랑 이렇게 해서 들어갔는데, 어쨌든 그 양반들도 못 들어갔어요. 내가 알기론 못 들어간 것 같아요. 그 앞에서, 들어갔었나? 아, 들어간 것 같은데, 그때 몇 명인가 들어가고 검문당하고 이랬던 것 같아요. 다시 나와갖고 뭐, 하여튼 그때 기억이 참 가물가물하네? 하여튼 화가 무지 많이 나긴 했었어요, 사과 못 받고. 그래서 다 몰려 들어가려고 했을 때 이제 전경들한테 막혔죠. 영정 사진만 없었으면 아마 다 밀어붙였을 건데, 사진들을 다 메고 있어 갖고….

면담자 　　근데 어쨌든 사장과 김시곤 국장의 사과는 못 받아내서 결국은 "청와대로 가자" 이렇게 된 건데, 아버님도 청와대로 가자는 제안을 들으셨어요?

우재 아빠 　　네.

면담자   사과받으러 올라갔다가 목적을 달성하지 못했으니까, 아무래도 집행부에서 의사결정을 하고 발언을 했겠네요?

우재 아빠   그때 이제 기자회견을 한쪽에서 하고 "우리 청와대로 가자"고 해서 선두 서서 갔죠, 선두로. 되게 또 추워 갖고 담요 둘러메고 그랬던 거 같아요, 계속 걸어갔던 거 같은데.

면담자   관련해서 두 번째 여쭙고 싶은 건, 아버님이 가두시위를 하고 걸어간 건 처음 아니셨어요?

우재 아빠   아니, [진도대교로 행진해 봤으니까] 처음은 아니었죠, 처음 그렇게 걸어간 거는.

면담자   참사가 생기기 전에 그런 시위에 가셨어요?

우재 아빠   아, 그런 건 안 해봤죠, 상상도 안 해봤죠. 그냥 회사, 집밖에 몰랐었는데.

면담자   그러면 참사 직후에 진도에서 진도대교로 행진이 한 번 있었고, 그 이후에 본격적인 행진은 이게 처음이에요. (우재 아빠 : 네) 5월 9일에 이제 청와대까지 가는 과정에서 가두 행진 시위를 하시면서 느낌이 어떠셨어요?

우재 아빠   느낌? 그때 뭐 느낌은 없었고, 느낌을 뭐라고 해야 되는 건 아니고, 일단 가면서 부모들하고 얘기하는 거는 '과연 청와대 가서 청와대에 우리 들어갈 수 있을까?'라는 생각이죠. 지금처럼 막히면 또 못 들어갈 건데, 그래도 '일단은 뭔가는 해야 된다'라고 생각을 했으니까, '일단 뭐라도 보여줘야지' 생각하고, 그런 거밖에 생각이 없었던 거 같은데, 그냥. '일단 가고, 거기 가서 다시 또 생각을 해보자. 일단 청와대고 뭐고 들어갈 수 있으면 들어가고, 대통령을 만나든지 대통령을 나오라고 하든지' 그런 생각밖에는 없었죠, 그때는. 그 당시에는 할 수 있는 게 몸으로 때우는 거나 걷는 거 그런 거밖에 없었으니까…. 아니면 뭐 언론플레이하는 거?

면담자　　　그때는 경찰이 어느 정도 막았어요?

우재 아빠　　　신사적으로 막았죠. 근데 저희들 입장에서는 애들이 참 어렸어요, 막은 애들이. 자식 같은데 막 할 수도 없는 상황이고, 사정했어요, 사정. "제발 비켜주라"고, "너 같은 자식이 있는데 그놈들이 죽었다고, 니 동생 같은 애들이 죽었다고. 제발 비켜달라"고, "내가 널 때릴 수 없지 않냐"고, 그렇게 했는데도 안 되더라고. 그래서 막 밀다, 밀다 나중에 밀리니까 막 오기가 생겨서 막 더 세게 밀다 보니까 이제 그렇게 된 거죠.

면담자　　　그러면 여의도에서 청운동까지 여러 번 막히면서 가셨겠네요?

우재 아빠　　　갈 때까지는 안 막아요, 잘 비켜주고 교통, 차 다 막아주고. 막상 앞에 가면 막지, 가는 과정에서는 순탄하게 갔죠.

면담자　　　그러니까 광화문, 청운동 이쪽에서부터.

우재 아빠　　　처음엔 싹 가고 어느 지점에 가면 벌써 골목골목 다 막아놓는 거죠. 처음 가는 길은 순탄하게 잘 보내줘요.

면담자　　　그때 여의도에서 광화문까지 버스가 아니라 걸었어요?

우재 아빠   걸어갔어요.

면담자   영정 사진을 들고 (우재 아빠 : 예) 여의도에서 광화문을 거쳐서 청운동까지 걸어가신 거네요. (우재 아빠 : 네, 걸어갔어요) 도착했을 때 어땠습니까?

우재 아빠   똑같죠, 뭐. 또 막혀 있는 상황.

면담자   막혀서 이제 앉아서 연좌 농성을 하셨죠?

우재 아빠   주저앉았죠. 근데 그게 계속 그렇게 주저앉아 있을진 몰랐죠(웃음).

면담자   그때 누가 변호사라든지 시민 단체라든지 이런 데서 와서 도와줬지요?

우재 아빠   시민들은 많이 왔죠. 근데 저는 그 당시 옆에 누가 있어도 믿음이 없었어요, 그때. 가족이라고 하면 내가 아는 사람 외에는 없었던 것 같아요. 영석이가 그러면 내가 같이 붙어주죠. 유일하게 아는 게 영석이밖에 없었으니까, 확실한 애는. 그리고 회의할 때 본 몇 명하고 집행위원단들하고, 그 외에는 이제 믿을 수 없는 사람들이죠, 전부 다. 엄마, 아빠도 누군지도 모르고 다른 반 부모들은 더 모르는데, 같은 반도 모르는 상황에 옆에 엄마가 누군지 모르는데, 저 사진도 가짜같이 막 느껴질 정도로…. 근데 [영정 사진을] 들고서 이렇게 울고 있는 사람들은 부모고, 옆에 있는 사람들은 아닐 거라 생각을 했었죠, 그때. 추워서 막 이런 데 와서 누가 깔판도 갖다주고, 담요도 갖다주고 많이 했던 것 같아요. 근데 그 사람들이 뭘 갖다줘도 그냥 무덤

덤했었어요, 그 당시에는. 누가 또 갖다주고, 후에 뭐가 또 생길지 하는 걱정거리들….

· 4
국정조사 요구와 버스 투어 활동

면담자　　그 이후에 또 큰 활동이 6월이 되면 국정조사 요구가 쉽게 받아들이지 않으니까 국회에서 2박 3일 농성을 하게 되는데요. (우재 아빠 : 네) 국회에는 그때 처음 들어가 보신 건가요?

우재 아빠　　처음 들어가 봤죠.

면담자　　어디서 농성을 하셨어요?

우재 아빠　　나는 그 자리가 뭔지도 모르겠어요. 그 앞에, 그 정가운데인데.

면담자　　본관.

우재 아빠　　본관인가요, 거기가? 국회의원들이 들어가서 회의도 하고 하는 데니까, 가니까 이렇게 앞에 레드카펫도 깔려 있더라고, 거기 들어가려다 못 들어가게 된 상황이었고. 뭐 거기에서 죽치고 있을 생각은 없었는데, 처음 갔을 때는. 항의하러 갔던 거지만, 나중에는 안 받아주고 안 만나주니 "그럼 여기 눌러앉자" 그래서 앉게 된 거죠. 근데 그렇게 앉는다고 그래도 앉으라고 내비두는 것도 내가 이해가 안 됐으니까. "여기는 아무나 누워도 되는가" 했더니 "안 되는데 세월호만 된다" 그러니 이해가 안 가죠, 이제. 그 당시에만 초창기 때부터 그랬지만 부모들이 경찰도 때리고, 기물 파손도 하고 [해도] 아무도 안 잡아갔었어요. 심지어는 저는 차 타고 다닐 때 신호 거의 안 지키고 다녔던 것 같아요. 안산에서, 뭐 진도에서 오든 거의 웬만하면 그냥 쫙 밟고 왔는데도 딱지를 한 번 끊어본 적이 없네, 가만 보니까. 작년부터 이제 딱지 끊어요, 딱지가 막 날아오더라고. 그 전에는 주차를 아무 데나 해놔도 딱지 한 번 끊은 적이 없어요. 근데 작년부터 이제 딱지가 날아온 것 같아, 그것도 참 이상한 것 같아.

면담자　　　앞서 얘기한 여의도에서 청와대로 간 게 유가족들이 최초로 행진을 한 시위이고, 그다음 국회에서 2박 3일 농성한 게 최초의 농성이에요. 그래서 그 뒤에는 이 두 가지 방법을 합쳐서 강력한 형태로 7월부터 투쟁을 하기 시작합니다. 그래서 6월 국정조사특위를 가동시키기 위한 농성을 여쭙는 건데, 긴 시간 안에 있으면서 누군가 나와서 이야기도 하고 진행을 했을 텐데, 그건 누가 주로 했나요?

우재 아빠　　　그 위원장이 주로 했죠.

면담자　　　김병권 위원장이요?

우재 아빠　　　네. 기자회견도 하고, 그런 건 그쪽에서 다 하고 우리들은 옆에서 같이 서 있기만 하고…. 그 당시에 뭐 이런 건 해본 적도 없는 상황이고, 기자회견도 해본 사람도 없고, 그렇다고 해서 말도 그렇게 잘할 수 있는 사람도 없었어요. 말 좀 잘하는 사람들이 집행위원회를 꾸미게 된 거고, 모든 행사는 그 사람들이 하게 됐고…. 그 전에 회의를 하고 "이렇게 합시다" 하면 다수결로 해서 "그렇게 합시다" 해갖고 해서 이제 발표하고, 이런 식이었죠.

면담자 그렇게 해서 국정조사가 시작되는데, 국정조사를 할 때 "국회의원들만 가지고 세월호 국정조사를 할 수 없다" 그래서 일종의 국민조사단처럼 국회의원별로 시민 단체와 유가족들이 들어가서 자료수집, 분석하는 걸 옆에서 같이했었거든요. 그것도 기억나시죠? (우재 아빠 : 네) 그래서 국정조사 관련 회의를 하면 유가족들이 쭉 뒤에 배석을 해서 그 논의 과정을 지켜보고 하셨는데, 그때 아마 처음으로 국회의원들의 논의를 보셨을 거예요.

우재 아빠 전 그때 안 갔어요.

면담자 아, 그때 안 가셨습니까? 그때 소감도 좀 듣고 싶었는데.

우재 아빠 한 번 갔던 거는 김무성인가? 그리고 그 전에 있던 그게 누구죠? 총리까지 했다가 쫓겨난 인간 있잖아요. 총리 했다가 쫓겨난 놈이 누구야? 황교안 말고, 그 전에.

면담자 언제 쫓겨났어요?

우재 아빠 박근혜 때 총리 했던 인간이 누구죠? 그 인간하고 김, 김 누구냐, 아, 요즘 애들 이름이 생각이 안 나서. 그 당시에 국회 그 본관 말고 (면담자 : 이완구) 네, 이완구요. 이완구하고 옆에 보좌관 하나 또 있었죠. 국회에 들어가서 막 얘기를 하는데, 좋게 얘기를 하려고 갔다가 열이 받아서 "저거 오늘 죽여버린다" 그랬어요, 제가. 김병권이가 막았어요. "저 새끼, 저거하고 그 옆에 있는 놈하고는 오늘 죽이지 않으면 나중에 후회한다"고, "내가 오늘 저 새끼 죽여버린다" 하면서 난리를 쳤어요. 근데 김병권하고 사람들이 막아갖고 안 했는데, 그놈 때문에 결국은 사태가 안 좋았죠, 그놈 때문에.

면담자　　　국정조사 할 때 국회의원들이 싸워서 유가족들이 뭐라 하니까, 조원진 의원이 유가족한테 "너는 누군데" 이러면서 유가족에게 "가만히 있으라"는 말을 해서, 그 당시에 (우재 아빠 : 네) 굉장히 유가족들의 울분을 샀던 일이 있었죠. 그리고 이제 국정조사를 통해서는 충분히 조사가 되지 않겠다는 걸 유가족들이 파악을 하면서 특별법 국면으로 넘어가게 됩니다. 그래서 이제 서명이라든지, 전국 각지를 돌아다니는 활동이 7월부터 본격적으로 진행되는데요. 그런 7월 상황에서 아버님도 8반 부모들하고 같이 여러 군데를 돌아다니시고 서명도 받고 그러셨을 텐데요.

우재 아빠　　　버스 투어 할 때요? 버스 투어하기 전에, 그 전에부터 저는 돌아다녔어요. 사고 나고 나서 안산에 오고, 팽목에 들어가기 11월 전까지 엄청나게 돌아다녔던 것 같아요, 차 타고 다니면서. 처음에는 전라도부터 갔죠, 누나, 누나도 있고 친척들도 있으니까. 세월호에 대한 '세' 자도 모르는 거예요. 누나 같은 경우는 우재 사고가 날 때 제주도에서 비행기 타고 오는 상황에서 비행기에서 사고 터진 걸 들었다고 하더라고요. 근데도 세월호에 대해서 동네 사람들 잘 모르고 그러다 보니까 화가 많이 나서, 어쨌든 널리 분포되어 있는 회사도 있고 하니까 돌게 되더라고. 그 전에 돌다 보니까 버스 투어도 하고 있어서 같이 만난 거죠. 우리 반 처음에 돌다 돌다가 부산에서 합류했죠. 부산에서 합류하고 울산 갔다가, 우리 반 차례는 하고, 우리 반은 보내고 다시 또 다른 반 또 끼어서 울산으로 갔다가 대구까지 갔다가 거기서 따로 또 왔죠. 전국을 다 돌아다녔던 것 같아요.

면담자　　사람들한테 서명도 받고, 간담회도 하고 이런 경험도 처음이셨을 텐데, 그때 시민들 반응이나 아버님의 느낌은 어떠셨어요?

우재 아빠　　그 당시 처음에 세월호에 대한 걸 사람들한테 얘기를 한다는 게 되게 힘들었던 게 전혀 모른다는 것, TV에서만 봤던, 그런 것만 알고 있었던 거고 실질적인 그 당시에 있던 일은 하나도 모르더라고요. 사고만 났고 해경이나 뭐 해수부 이런 데서 다 구조를 하다가 전혀 못 해갖고 그렇게 된 것처럼 그렇게 날조가 돼 있더라고. 그래서 그걸 다시 처음부터 가서 얘기하기 시작하는데, 내가 미친놈인 거 같아, 내가. 얘기했다가 이쪽에 또 와서 또 똑같은 얘기를 또 했다가, 그런 얘기를 계속하다 보니까 이제 막 나도 모르게 이제 자꾸 말이 좀, 처음에는 이제 말도 잘 못해갖고 거의 울면서 얘기를 하다 보니까 의사전달이 잘 안 되더라고요. 그랬던 게 되게 힘들었던 것 같아요.

면담자　　서명지 나눠 주고 할 때도 그냥 가만히 있지는 않으셨을 거고요.

우재 아빠　　소리소리 질렀죠. 엄마들은 초창기 때에는 그것도 이제 소리 못 내갖고 서명 [요청]하는 것도 쥐 들어가듯이 "서명해 주세요" 이러는데, 그 말도 못 하겠더라고요, 처음에는. 그래 갖고 도저히 안 돼서 뒤에 가서 소주 반병 마시고 와갖고 그때부터 소리소리 질렀죠. 술 한잔 먹고 나니까 좀 낫더라고. 서명 좀 해달라고 쫓아가면서, 들고 다니면서 하기도 하고.

5
국회 농성에 대한 기억

면담자　　　본격적으로 7월 12일에 국회 농성을 시작하는데, 그때 아버님도 국회 농성 같이 들어가셨습니까? (우재 아빠 : 네) 그땐 뭐 대거 들어갔죠?

우재 아빠　　버스로 두 대가 계속 놓고 가면 또 가고 그래서 로테이션으로 계속 갔죠, 이렇게 해서.

면담자　　　국회 농성 하면서 반별로 자리 배치를 해서 움직였잖아요, 8반은 어땠어요?

우재 아빠　　뭐가 어땠냐는 거예요?

면담자　　　많이 모이셨나 하고요.

우재 아빠　　아, 그때는 많았어요, 그래도. 거의 다, 몇 가구 빼고는 다 나왔었던 상황이었어요. 제가 좀, 센 사람들이 되게 많아요. 자리 배치도 잘못 받아서 좀 욕을 많이 먹긴 했지만 그래도, 뭐라고 해야 되나, 이게 팽목항에 있을 때처럼 이것도 반별로 지원이 오면 똑같이 분배가 돼야 되는데 그런 분배가 안 됐어요. 깔고 앉는 것도 없는 사람도 있고 있는 사람도 있고, 아예 안산에서 갖고 온 사람도 있다 그러고, 우리 반 같은 경우는 자체에서 그냥 어디서 구해갖고 오든지…. 술 담당은 따로 있고 안주 담당 따로 있고 그랬던 것 같아요, 우리 반은요. 한때 우르르 모여서 같이 먹다가 "술을 좀 먹을까?" 그러면 한두 사람 나가서 사갖고 오기도 하고, 반별로 이렇게 있을 때는 똘똘 잘 뭉쳤던 것 같아요, 우리 반은.

면담자   그러다가 국회 농성에도 불구하고 아무런 동요도 하지 않아서 결국 단식 농성으로 들어갔는데 그때 몇 분 정도 단식 농성에 들어갔어요?

우재 아빠   각 반에 한 명씩 하기로 했어요. 각 반에 한 명씩 해서 "일단 대표단이 먼저 하자" 그래서 대표단하고, "우리들만 할 순 없잖냐?" 그래서 "반에도 한번 하자" 그래서 한 명 한 반도 있고 두 명 한 반도 있고, 반마다 두 명도 있고 한 명도 있고. 처음에는 이제 "3일에 한 번씩 돌아가면서 하자" 그런 얘기도 했죠. "하루 단식으로 가자", "그건 안 된다", "이틀 가자" 뭐 이러며 "일단 하는 데까지 해보자" 그래 갖고 처음부터 스타트를 끊은 거죠.

면담자   처음에 [국회 본관 현관 앞에] 앉으셨을 때 두 줄로 앉았으니까.

우재 아빠   한 명 나온 반도 있고 두 명 나온 반도 있으니까, 쭉 앉아 있다가 쭉쭉 한두 명씩 빠져나갔죠.

면담자   그때 좀 인상적이었던 게 슬라바였습니까, 아이 이름이? 그 러시아계 엄마가 그때 단식 농성을 같이했어요. (우재 아빠 : 같이했어요) 몇 반이에요, 슬라바가?

우재 아빠   슬라바가 5반인가, 6반인가?

면담자   쉽지 않은 결정인데 유가족들도 많이 감동도 받고, 지지도 하고 했겠습니다.

우재 아빠   일단 대화가 잘 안됐던 것 같아요, 그 어머니하고는.

면담자   언어가 달라서요?

우재 아빠   아니 한국말도 잘하시던데 일단 접촉하기를 꺼려하시
는 거 같더라고요. 자기 반 외에는 거의 뭐, 그분하고도 거의 대화를
안 해봤던 것 같아요. 커피숍 할 때도 가보긴 했는데 좀 그러더라고,
아는 체하기도 그렇고. 뭐 수리할 게 있어서 "나 수리하러 간다"고 했
었는데, 그냥 못 갔던 것도 기억나는데….

면담자   그때 반별로 회의도 많이 하지 않았어요?

우재 아빠   했죠. 어차피 대표단인데 반 대표가 있으니까 그쪽에서
어떤 문제를 갖고서 주면 반끼리 모여서 회의를 하고, 거기서 답을 주
면 또 다시 회의하고 발표하고 "이렇게 갑시다" 그렇게 하고, 그렇게
했던 것 같아요.

면담자   농성을 하는 한편으로 야당 국회의원들과 집행부가
접촉하며 특별법과 관련된 논의를 진행시켜 나간 그런 상황이에요.
(우재 아빠 : 그렇죠) 아버님은 그때 주로 뭘 하셨어요?

우재 아빠   저는 그때 뭐 그냥 옆에 있었어요, 뭐 하자 그러면 따라
만 주고. 뭐 나서서, 그 당시에는 내가 할 수 있는 게 하나도 없었던
것 같아요. 뭐 챙겨다 주고, 우리 반 위주로 가다 보니까 엄마들 종이
배 접고 막 이러면 종이 같은 거 다른 반보다 어떻게 좀 더 구해다 주
기도 하고, 노란색 원하면 노란색도 갖다주기도 하고, 그거하고 이제
어쨌든 편하게 있는 게 좋은 것 같아서 편하게 할 수 있는 뭔가는 해

쳤죠. 물 같은 거 갖다주기도 하고, 핫 팩 있으면 핫 팩도 어떻게 챙겨다 주고.

면담자　　　박주민 변호사가 완전히 가족들과 밀착해서, 논의하는 거를 정리하기 위해서 노트북을 항상 끼고 다녔어요. 그때 변호사들에 대한 인상은 어땠습니까?

우재 아빠　　　박주민 변호사님은 별로였던 것 같고. 눈에 그 양반 있었나, 없었나도 기억이 안 나요. 그리고 말고 또 한 분 있죠?

면담자　　　황필규 변호사.

우재 아빠　　　황필규는 기억이 나요. 많은 대화를 했고 내가 많은 걸 물어봤어요, 조언도 받고. 이건 이렇게 해야 되는 건지, 이건 법이 원래 이런 건지, 이런 거. 뭐 황필규 변호사는 좀 기억이 많이 남는 편. 〈비공개〉

면담자　　　국회 농성하는 시점이면 많은 가족들이 박주민 변호사한테 전적인 신뢰를 보내서, 예를 들면 요즘 같으면 확대집행위원회 같은, 집행부와 반 대표들 모이는 회의에 박 변호사는 들어갔거든요.

우재 아빠　　　그게 참, 그때 반 대표들 회의에 들어갔는지는 저는 모르겠고, 체육관에 있을 때도 그렇게 붙어 있던 변호사가 뒤통수 까고 나갔는데, 변호사에 대한 신뢰가 거의 없었어요. 그래서 저 인간도 똑같은 인간일 수 있다는 생각밖에 안 했었는데, 그 당시는…. 누군가다 좋아할 수는 있는데 저는 별로 그땐 신뢰 안 했어요. 오죽하면 광주법원 다니면서도 옆에 쫓아다니는 변호사들도 마음에 안 들어 했는데, 거기 여자 변호사도 있었는데 뭐 "나하고 신뢰를 다지려면 같이 술 한잔합시다" 그래 갖고서 같이 술도 먹었어요. 근데 변호사들이 술을 그렇게 잘 먹는 줄 몰랐지, 내가.

면담자   그때 변호사님이 술을 잘하셨나 보네요?

우재 아빠   근데 그날 또 술 먹었는데 또 뒤에서 날아오는 말이 좀 안 좋았죠. "왜 변호사하고 술 먹냐"고, "저것들 뭘 캐갖고 갈 줄 아냐"고 이러면서. 뭘 해도, 가족들이 뭘 해도 어딜 가서 뭘 하는지 누가 다 지켜보나 봐. 나하고 단둘이 먹은 것도 아니고 같이 있을 때 법원에 갔던 사람끼리 모여서 같이 먹은 건데도 다 뒤에 말 나오고…. 개인행동은 하면 안 됐던 시절이었던 것 같아요, 그 당시에도, 어디 가서 세월호 얘기도 하면 안 됐고. 웬만하면 다 극비였던 것 같은데도 그 당시 회의하고 나오면 벌써 다 바깥에 소문나 있고 이런 상황이었으니까.

면담자   이제 7월 말이 되면 국회에서 광화문으로 나가자고 하게 되죠. 그래서 팀을 둘로 나눠서 광화문으로 나갔지 않습니까?

우재 아빠   그 당시는 모르겠네요, 언제 어떻게 나갔는지는.

면담자   국회의 농성 팀을 나누고, 아마 반씩 나눠가지고 일단 광화문으로 진출을 했던 거로 알고 있어요. 그래서 광화문에 텐트가 쳐지고 이런 상황이 전개가 되는데.

우재 아빠   그때도 광화문에 나갔었나?

면담자   아마 기억나실 것이 8월 15일 날 가톨릭 프란치스코 교황이 미사를 거기서 하죠. 그리고 이제 김영오 씨 손을 잡고 등등의

장면, 기억이 나시죠? (우재 아빠 : 네) 그땐 아버님은 어디 계셨어요?

우재 아빠 저요? 안산에 있었어요.

면담자 그 미사 때는 참석을 안 하셨네요.

우재 아빠 제가 천주교가 아닌데 거기를 뭐 하러 가요. 그리고 박근혜가 천주교 신자더라고요. 똑같은 종족들 보러 가고 싶지 않았고. 〈비공개〉 일단 종교 자체가 싫었던 것 같아요 뭐든지, 신이고 뭐고 절대자 존재 자체가 없는…. 그 당시에 뭐, 제가 얘기했잖아요, 천주교 빼고는 다 믿어봤다고. 대순진리회부터 해서 안 믿어본 신이 없어요, 내가. 대순진리회는 진짜 오랫동안 믿었다, 7년, 8년 지났으니까 어릴 때부터, 거기 빠져나오기도 힘들었지만. 근데 이런 것도 다 했는데도 어쨌든 '이 나라에는, 이 세계에는 신이 없다'라고 했던 상황이었고, 그 당시 부모님들도 전부 다 신에 대한 존재감은 다 잊어먹은 상태였고, 우리 반 또 그렇게 돼 있고 하다 보니까 천주교 쪽은 거의 뭐 돌아보지도 않았죠. 그래서 안 갔던 것도 그런 이유, 교황이 온다고 해서 뭐 바뀔 게 뭐가 있냐 이거죠. 교황이 와서 바뀔 게 있을 거라고 생각을 하고 부모들 많이 간 것 같은데 결론은 아무것도 없잖아요, 얻은 것도 없고. 거기 얻은 거는 이제 몇몇 분만 얻은 것뿐이지 저희들 중에서는 얻은 거는 없었다고 봐요, 그래서….

우재 아빠 고영환

6

특별법 제정 국면의 간담회 활동과 팽목항 상황

면담자   그때 국회에서는 박영선 당시 야당 원내대표가 여당이랑 야합을 했다 해서 한창 문제가 되던 시기였죠? 여러 과정을 거쳐서 11월에는 이제 세월호 특별법이 통과되는데, 그 과정에서 아버님은 주로 어떤 활동을 하셨어요?

우재 아빠   그때 활동은….

면담자   오래돼서 지금 기억이 가물가물하시긴 할 겁니다.

우재 아빠   간담회를 했던 것 같은데요, 거의. 간담회 위주로 가고….

면담자   나중에 서명지를 노란 박스에 싸서 들고 국회로 행진한 거 기억나십니까?

우재 아빠   네. 그 서명지도 참 웃긴 게 서명을 받으러 전국으로 가야 되는 상황이잖아요. 근데 경상도 쪽[의] 가는 사람들이 없는 거예요. 그래서 경상도 쪽으로 가게 되죠. 거기가 구미인가? 구미 위에가 어디더라? 하여간에 경상도 쪽으로 가게 되는데, 그때 은화 아빠하고 나하고 영석이하고 이렇게 가요, 거의 다 그쪽은 안 갈려고 하니까, 사람들이. 그래서 거기 가서 진짜 많은 얘기를 했던 것 같아요, 그 동네 사람들이랑도. 그쪽은 아예 세월호 자체를 모르고 지낸 다른 나라 사람들 같은 사람들. 그래서 그 이야기 많이 하면서 이제 그쪽 위주로 돌면서 서명도 많이 받아가지고 왔었는데, 그 서명지 뭐 받아온 거, 그 고생해서 받아왔지만 물거품처럼 인정도 못 받은, 그렇게 됐지만.

그때가 참 그러네요.

면담자   그때 서명자가 600만이 넘었으니까 어마어마한 서명을 받으셨고, 그 노력의 결실로 이제 특별법이 통과는 됐는데요, 특별법에서 제일 핵심 이슈가 됐던 게 수사권, 기소권의 문제였잖아요.

우재 아빠   어쨌든 그건 못 받았잖아요.

면담자   그걸 못 받은 상태에서 특별법이 통과되는 과정에 대해서, 그 당시에 어떻게 보셨어요?

우재 아빠   그걸 하면 뭐 하냐고 했었어요. "아무것도 없이 그냥 조사만 하는 거지 않냐"고. "그 조사한 거는 우리 법원에 있는 것도 판사나 무슨 검사들이 갖고 있는 것만큼 다 있는데, 조사 더 해서 뭐 하냐"고 그랬죠. 정확한 조사를 하려면 데려다가 앉혀놓고 해야 되는데 그냥 조사만 하면 그건 쓸데없는, 시간만 낭비하는 상황이잖아요. 근데 그걸 그래도 해야 된다고 하니까 어쨌든 하면, 또 하면 뭐 하냐 이거죠, 똑같은 조사를. 사람을 데려다, 잡아다 놓고 해야 될 상황에 그런 것도 아무것도 못 하는 상황에서 그거 하면 의미도 없다, 그래서 일단은, 그래도 뭔가를 하고 있다는 것 자체가 좀 좋다라는 거죠, 부모들 입장에서는. 저는 그거는 시간 낭비였던 것 같아요, 그냥 어떻게든.

면담자   세월호 특별법이 통과되는 시점 정도에 진도에서는 또다른 일이 일어나잖습니까? 수색을 중단하는 게 11월에 일어나거든요. 그래서 그때는 벌써 아버님이 진도 쪽을 많이 왔다 갔다 하신 그런 시기네요, 특별법이 통과되는 시기가.

우재 아빠   그때는 체육관은 잠깐 들렀다가 그냥 팽목으로 갔죠.

면담자   언제 내려가셨어요?

우재 아빠   수시로 갔죠. 5월이든 6월이든 한 달에 한 서너 번씩은 왔다 갔다 했던 것 같아요.

면담자   주로 아버님 개인으로?

우재 아빠   네. 가서 유가족이란 말도 못 하겠더라고요. 그 있는 가족들한테도 유가족이라는 말도 못 하겠고, 그냥 옆에서 있다가 아는 가족들 있으면 같이 앉아 있다가, 밥 먹다가, 안 되면 팽목으로 넘어왔다가 다시 오는 그런 거. 그런 것만 계속했던 것 같아요, 계속 돌면서. 뭐 어쨌든 안산에 왔다가 이제 회사에서 오라 그러면 또 한 2, 3일 갔다가 또 못 가고, 못 가고 하다가 보니까 이렇게 있다간 내가 돌아버리겠, 내가 미쳐버릴 것 같아 갖고, 그래서 아예 팽목으로 내려갔던 계기가 된 거죠.

면담자   수색 중단이 선언되고 할 때 아버님은 주로 어디 계셨어요? 진도에 많이 계셨어요, 안산에 계셨어요?

우재 아빠   그때 팽목항에, 병원에 있었나? 몇 월이죠, 그때가?

면담자   14년 11월이에요, 초겨울.

우재 아빠   11월, 그땐 진도에 있었을 것 같은데.

면담자   아버님이 아마 14년 말부터는 진도에 많이 내려가 계셨던 것 같아요.

우재 아빠　　　네, 진도에 있었던 것 같아요. 그때는 찬민 아빠가 있었고 고운 아빠, 웅기 엄마, 순범이도 왔다 갔다 했었고. 또 하나 있었는데, 하여튼 다섯 명이 거의 거기 살았어요. 그다음에 있었던 삼촌들, 안주현 삼촌하고 그리고 저기 윤희네 삼촌, 정수네 삼촌, 그리고 거기 누구야, 권오복 씨하고 한 열몇 명이 거기 거주하고 있었던 것 같아요, 봉사자들 여섯 명 정도 있었고.

면담자　　　지금 거기라고 말씀하시는 건 (우재 아빠 : 팽목항에) 팽목항에 컨테이너 박스로 된, 아, 컨테이너 박스가 아니지, 주택이지.

우재 아빠　　　그때는 집이 있었죠.

면담자　　　가설주택, 컨테이너 주택이죠.

우재 아빠　　　네, 그게 13채가 있었죠.

면담자　　　거기에 10명 이상이 14년 말, 15년에 거주하셨네요.

우재 아빠　　　그렇죠. 은화네나 다윤네는 왔다 갔다 하는 상태였고, 권오복 씨는 고정으로 있었고, 양 선생님도 왔다 갔다 하고 있었고, 고창석 선생님도 거기 있었죠. 어느 순간에 고창석 선생님은 넘어가서 안 오시게 되고, 양 선생님네도 왔다 갔다 하시고, 어느 시점에서 권오복 씨 혼자 남게 됐고. 그러면서 서서히 한 명씩 빠져나가게 되죠.

7
수색 중단 전 팽목항의 상황

면담자　　11월 초에 당시 미수습자 가족 기자회견으로 큰 상황 변화가 이루어지는데, 그 전 얘기를 조금 먼저 여쭙겠습니다. 그러니까 지현이 나오고부터는 수색이 소강상태였잖아요. 그때 어떠셨어요, 미수습자 가족분들은 거기서 주로 뭘 하셨어요?

우재 아빠　　아무것도 안 했어요. 그냥 앉아서 오는 국회의원들 오면 얘기하고 뭐 해달라고 요청을 하고, 그 와중에 대변인 만나러 와서 우리들하고, 유가족들하고는 거의 대화를 안 하고 미수습자들 위주로 계속 얘기를 했던 상황이었고 [그러니까], 거기서 이제 뭔 말을 했는지는 저희도 잘 모르는 상황이죠. 그리고 수색 나가고 들어가면 바지 가는 사람들은 바지 타고 간다고 가고, 연락 오면 연락 오고, 그것만 기다리고 있는 상태죠.

면담자　　미수습자로 끝까지 남아 계셨던 분들이 위치가 다 달랐잖아요. 단원고 학생하고 선생님, 일반인하고 다 발견될 만한 위치가 다를 수밖에 없는 상황이라 수색 방법이나 수색 위치와 관련된 논의는 많이 했을 것 같아요.

우재 아빠　　그렇죠. 그거는 이제 미수습자들끼리 가서 해수부하고 논의는 또 안에서 하죠. 그리고 "노선 따라서 아이들이 여기 이렇게 있었으니까, 최소한 그 근처에서 어디로 갔으니까 이쯤에 있을 것이다"라고 하니까, 몇 번을 들어갔다 나왔던 얘기잖아요. 수십 번씩 들어갔는데 못 찾고 있었던 자리에서 지현이가 마지막으로 나와버리니까 "너희들 수색 뭐같이 했길래, 뭐 어떻게 했길래" 이런 말이 나오게 되죠. "10번을 들어가든 단 한 번을 들어가든 제대로 했냐?" 이제 그런 말, 거기 믿음이 이제 완전히 깨진 거죠. 해수부들이 들어가서 수색 작업한 게 그냥 물에 들어갔다 나온 거밖에 안 되는 상황이 됐죠.

면담자　　　그때 잠수 팀은 어디서 수색하고 있었습니까?

우재 아빠　　　어디서 했나.

면담자　　　88수중이 11월까지 계속 수색을 했어요? 중간에 어디로 바뀝니까?

우재 아빠　　　그때 뭐 이종인인가? 김종인인가, 이종인인가?

면담자　　　이종인, '다이빙 벨' 얘기한 분.

우재 아빠　　　걔네들도 있었고 해수부 쪽에서도, 해군인지 해수부인지 잘 모르겠지만 하여튼 와서, UDT 애들? 그런 애들도 와서 했던 걸로 알고 있어요. 근데 정확하게는 애들이; 결론은 들어가서 제대로 안 했다는 거, 이제 결론은 난 거죠.

면담자　　　그러면 11월 얘기로 다시 돌아오면, 미수습자 가족들이 기자회견을 할 때 유가족들하고도 논의가 좀 있었습니까?

우재 아빠　　　논의는 했겠죠? 같이해서 그렇게 하게 됐던 거니까. 그때는 논의하고 가서 했을 거예요. 그냥 미수습자들은, 웬만하면 미수습자 편에서 최대한 할 수 있는 만큼 하기로 했으니까, 논의되고 같이 발표하고 그랬던 것 같아요.

우재 아빠 고영환

면담자 　　　 근데 그 기자회견 내용의 핵심은 수색 중단이란 말이에요?

우재 아빠 　　　 그 전부터 "이제 인양을 해서 수색을 하자"는 말도 나왔었는데 "그건 안 된다"라고 해서, 계속 미수습자들은 "안 된다"고 했었으니까, "더 찾아보자, 더 찾아보자" 해갖고. 근데 만약에 인양을 하게 되면 유실할[유실을 막을] 수 있는 망도 쳐야 되고, 거기에 대한 어떤 논의가 있어야 되는 상황이니까, 해수부랑도…. "한 겹만 치면 안 된다, 두세 겹을 쳐야 된다" 그런 얘기도 했었고, 일단 그 유실망 때문에도 논란이 많았었죠. 일단 지성이 같은 경우 4킬로[미터] 이상 넘어서 나왔기 때문에, 거기에 대해서 이제 너희들은 분명히 없다고 했으니, "그래도 혹시 배가 들리면 안에 있던 배가 올라오든, 세우면 그 안에 쏟아져 나올 수도 있으니까 최대한, 최대한으로 유실은 없게끔 하겠다" 그런 걸 [약속]받고 [인양]하게 된 거죠, 다 논의하고.

면담자 　　　 11월 초 기자회견의 내용은 인양을 결정하고 인양과 함께 수색 중단을 결정하는 거로 다들 생각했는데, 실제 기자회견문에는 '인양을 하겠다'는 선언은 없었습니다. 그래서 추정컨대 그 기자회견을 위해서 미수습자 가족들 등이 일정한 논의를 했지 않았을까 하는데, 그거에 대해서 혹시 보거나 들은 이야기는 없었나요?

우재 아빠 　　　 네. 그때는 저희가 참석할 수 있는 상황이 아니었죠, 그쪽은.

면담자 　　　 미수습자 부모들이 인양 결정 없이 수색중단 기자회견을 한 거는 바깥에서 보기에는 조금 이해하기가 쉽지 않은 그런 내용이었어요.

우재 아빠   그게 미수습자들이 그렇게 말을 한 거는 자꾸 옆에서, 주변에서 그렇게 하니까 어쩔 수 없이 말을 한 거겠죠.

면담자   옆에서라고 말씀하시면 핵심은 역시 해수부 (우재 아빠 : 그렇죠) 에서의 종용이라고 보시는 거네요.

우재 아빠   네. 어떻게 보면 잠수사 사고 나는 것도 이해할 수 없는 사고였고, 그 베테랑들이라는 사람들이 그랬던 거고…. 그리고 실질적으로 그 배에 들어가서 뭔가 하려면, 어쨌든 해수부도 군이잖아요, 군. 지들이 해야 될 사람들이 왜 일반인들 넣어갖고 거기서 일을 시켜서 사고를 나게 하는 것도 어찌 보면 조작으로 보이는 거죠. 위험한데 거기에 왜 일반인 잠수사를 넣어갖고 사고를 나게 만들고, 그런 것도 하나의 조작으로밖에 보이지 않죠. 지금도 뭔가를 하면 전문가가, 자기들도 잠수할 때 보면 아무나 잠수할 수 있는 거라고 생각을 했었는데 20미터 이상 잠수할 수 있는 사람이 따로 있더라고요. 근데 그런 사람들이 들어가는데, 왜 그 군에서 자기들의 의지로 작업을 하는데, 왜 그때 작업만큼은 왜 일반인들 시켜서 사고를 내서 목숨까지 잃게끔 만드는지…. 이거를 또 이슈화시켜서 '더 이상 수색 못 한다'라고 하게끔 국민 여론을 만들게 했던 것도 해수부였던 것 같아요. 그러고 있다 보니 그런 거를 미수습자들한테 계속 얘기를 하고 하다 보면, "그만하시고 배를 올려서 찾는 게 낫지 않냐" 그런 식으로 얘기를 하니까 거기에 대해서 조목조목 들어가는 하나의 대목이겠죠?

면담자   첫 잠수사 사망사고가 난 거는 굉장히 시기가 일렀어요. 언딘 바지에서 먼저 사고가 났는데, 공우영 잠수사가 그것 때문에 재판까지 하고 했죠. 그러니까 그런 과정들이 아버님 보시기에는 이해할 수 없는 일이고, 오히려 그런 잠수에 의한 수색의 위험성 같은 걸 부각시키는 작전일 수 있다, 이렇게 보시는 거네요.

우재 아빠   절대로 혼자는 내려갈 수 없는 상황인데 다친 건 혼자만 다친 거잖아, 또. 그것도 이해가 안 가.

면담자   돌아가신 잠수사님은 참 안타까운데, 연세도 좀 있으신 분이었거든요.

8
팽목항에 상주하게 된 과정

면담자   그 팽목의 가설주택에 여러 분이 내려가 계셨잖아요. 주로 14년 말 정도부터죠? 제일 처음에 내려가신 분이 누구세요?

우재 아빠   내려간 게 아니라 거기 그냥 계속 있었죠.

면담자   계속 사신 분들은 누구였어요?

우재 아빠   처음부터 있던 건 찬민 아빠죠. 근데 아무도 찬민 아빠가 유가족인지 몰랐다는 게 웃기죠, 1년이 넘도록.

면담자   그럼 어떤 분인 줄 알았어요?

우재 아빠   그냥 자원봉사자인 줄 알았어요, 사람들이 전부 다.

면담자　　　찬민 아빠는 사실은 초기부터, 거기 가설주택 만들어졌을 때부터 쭉 정주를 하셨죠.

우재 아빠　　그 전부터 있었죠. 천막 있을 때부터 계속 있던 사람인데, 사람들이 다 봉사자인 줄 알고 있었던 거죠.

면담자　　　찬민 아빠 말고 또 누가 계셨어요?

우재 아빠　　그러고 있다가 이제 고운 아빠가 합류가 되는 거고 웅기 엄마도 거기 있었고, 상주. 그리고 6반에 그 엄마 있었는데 이름이 갑자기 생각이 안 나네, 그 엄마도 있었고, 순범 엄마도 있긴 있었는데 가끔 오고…. 그리고 초창기 때부터 저희 체육관에도 세탁을 해주는 사람이 있었고, 팽목에도 세탁을 해주는 애가 있었어요. 백순혁이라고 있어 갖고 초창기 때부터 해서 계속 같이했었던….

면담자　　　백순혁 씨는 자원봉사자(우재 아빠 : 네)로 세탁을 해주신 분이었네요?

우재 아빠　　그리고 성훈이 삼촌도 나중에 와서 거기 계속 있었고, 정수 삼촌도 계속 있었고.

면담자　　　누구 삼촌이요, 마지막에? (우재 아빠 : 정수) 정수 삼촌.

우재 아빠　　지현 삼촌은 나중에 이제 합류가 됐고. 그리고 정, 김××인가? 하여튼 남자 하나 있었는데 걔도 계속 있었던 것 같아요, 그리고 오××인가? 광주에 있던 천주교 신자 있는데 그 여성분도 같이 있었던 것 같고, 계속 같이 있었죠. 고[창석] 선생님네하고 양[승진] 선생님네는 왔다 갔다 하고, 은화네도, 다윤네도 왔다 갔다 하는 상황이었고…. 처음에 은화네는 팽목에 없었어요, 아예.

면담자   안산으로 올라왔었습니까?

우재 아빠   아니, 이제 진도체육관이[을] 비워줘야 할 상황이 왔어요. (면담자 : 아, 진도체육관에 있다가?) 진도체육관에 있을 때 진도체육협회라고 해서 열몇 명이 몰려왔어요. "당신들 때문에 우리가 여기서 운동도 못 하고, 체육을 해야 되는데 여기 지어놓고 지금 한 번밖에 못 했다. 좀 비워달라" 그래 갖고 한바탕 싸움 벌어졌죠. 그담에 비워주게 되는 상황이 벌어지면서 비워줘야 되니 어디로 갈 데는 없는 상황이잖아요. 그래서 진도군에서 어느 지역의 얘기를 해줘요, 팽목이 아닌 아주 음습한 어느 산골 같은 데다가. "거기다가 해줄 테니까 거기로 가라" [해서] 가봤더니 아주 이상한 데더라고. 어디인지 지금 기억은 잘 안 나는데 아주 이상한 데로 얘기를 했어요. 그러면서 어쨌든 거기는 이제 무마가 돼서 안 가기로 하고, 처음에 "간다"고 했었다가 안 가기로 하고, 권오복 씨나 일반인들은 "나는 배 째 죽여도 안 가겠다"고 체육관에 버티고 있었고…. 그래서 다윤네랑은 이제 넘어왔고, 그러다 보니까 컨테이너 집을 짓게 됐죠. 얼마 좀 지나고 있다가 이제 은화네가 넘어와요. 왔는데 집이 없어 또 난리를 피운 거죠. 그래서 그날 밤에 급조해서 와서 따로 만들어요, 두 대를. 그래서 그때부터 상주하다가 왔다 갔다 하게 되죠.

면담자   아버님은 거기 상주하기 시작한 시기가 대체로 11월, 12월부터인가요?

우재 아빠   거의 11월 말쯤 될 거예요.

면담자　　　쭉 안산에서 활동을 하시다가 11월 말쯤 내려가신 거군 요. 수색이 중단된 이후에 내려가신 거네요.

우재 아빠　　　그렇죠. 근데 그 당시에도 보면 부모님들도 많이 오던 상태였어요, 그리고 반별로도 많이 오고. 누가 오라 하는 것도 아니었 고 팽목에는 어쨌든, 체육관이 이제 없어져 버리니 팽목으로 다 모이 게 되더라고요. 그 당시에는 또 많이들 오셨죠, 단체로도 많이 오기도 하고.

면담자　　　아버님은 11월 말에 왜 내려가셨어요?

우재 아빠　　　(한숨을 쉬며) 그게 초창기 때 우리 부모들이 한 얘기가 있었거든요. 애들 처음 올라오면, 대합실 옆에 돌아서 이렇게 가면 공 터가 있어요. "거기다가 냉동창고를 만들어서 아이들 다 올라오면 거 기다 싹 모아놨다가 한 번에 가자" 이 말도 있었고, 그냥 그런 얘기도 많이 했죠. 그리고 "아이를 찾더라도 갔다가 다시 와서 전부 다 찾을 때까지 같이 있자"라는 얘기도 있었고, 여러 가지 말이 많았어요. 난 그 당시에 그냥 "아이들 다 모아서 한 번에 가자, 그러면 좋다. 애 찾 고 다시 안산 가더라도 다시 오겠다" [했던 약속을 지키고 싶었어요], 근 데 그 약속들을 거의 다 지킨 분들이 없었어요. 그러다 보니까 이쪽에 서 아직 못 찾은 사람들하고 찾은 사람들하고의 갈등이 좀 많이 생겼 었죠, "왜 갔으면서 오지도 않냐?" 그러면서.

　　저 안산에서 왔다 갔다, 이제 회사도 다니다가 눈치 봐야 되는 상 황이 되는 거죠, 미안한 것도 있고. 이쪽 상황이 어쩐지도 잘 모르니 까, 또 왔다 갔다 하다 보니까 답답하니까 아예 팽목에서, 안산에 있는 것 자체도 싫고, 그래서 이제 내려가게 된 거고 거기에, 하다 보니까 그냥 여기 있는 게 편할 것 같은 거죠. 안산에 가 있으면 이쪽 상황도 모르고, 어차피 안산 상황은 이쪽에서 다 들을 수 있는 상황이니까 내가 거기서 뭐 특별히 할 수 있는 위치에 있는 것도 아니다 보니까는 내려가는 게 더 속이 더 편했어요. 그리고 같이 대화도 하고, 또 우리 반도 아직 못 찾은 애들도 있고 하다 보니까 어쨌든 또 같이 옆에 있으면서, 옆에 있어줘도 편했을 것 같다는 생각이 들어서…. 저야 좀 힘들었지만 그분들은 누군가 옆에 같이 있으니까 더 좋아했던 것 같아요.

면담자　　근데 그 시간이 예상보다 엄청 길었습니다. 14년 말에 가서가지고 15년은 정말 답답한 한 해였고요. 근데 어쨌든 인양이 결정이 되었죠.

우재 아빠　　인양이 결정되고 아무 생각 없이 이제 팽목에 있으면서, 뭐 할 수 있는 게 없는 상황이다 보니까, 은화 엄마도 뭔가를 해야 되는 상황이 되었어요, 다윤이네도 뭔가 해야 되는 상황이고. 그러고 있을 때 이제 옆에 시민 단체에서 은화 엄마 좀 해서 광화문 올라가려고 해요. 그래서 이제 "광화문에 올라가서 피켓을 들겠다" 그래서 다윤이네하고 은화네가 이제 팽목에서 떠나면서 광화문으로 올라가요. 그러면서 이제 거기 있던 순혁이나 ××라고 여자애, 한방 해주는 애가 있어요, [한방] 마사지 해주던 애. 걔네들이랑 해서 이제 데리고 올라가요, 안산으로. 피케팅하고 가끔 내려오기도 하고.

　　근데 피케팅하다가도 서명 돌고, 서명지 돌고 할 때 그때쯤 됐을 때 아마 『금요일엔 돌아오렴』 책이 나올 때쯤 됐을 거예요, 아마. 그

책이 나오고 나서 은화 엄마랑 다윤네랑 서명받으러 다니고 간담회 하러 다니기 시작을 해요. 그러다 보니까 팽목에 있으면서도 제가 이제 같이, 전남 쪽으로 오게 되면 같이 다녔던 것 같아요. 한 달? 두 달은 그렇게 다녔던 것 같아요, 같이. 근데 어디서 행사가 있으면 가고, 전라도 쪽에서 있으면 제일 가까운 데 목포나 광주 이런 데 쪽, 전주 이런 데 있을 때 그런 거 하러 다녔죠.

면담자　　　서울에서 큰 행사랄까 집회 이런 게 있으면 올라오셨죠?

우재 아빠　　그런 게 있으면 올라가고, 전투력 상승 많이 하[려고 몸에다가 아대[보호대] 차고 올라가고…, 이전에 그냥 갔다가 많이 당했죠. 그래서 결정적인 게 광화문에서 막혀갖고 그때 막 바리케이드 바닥에서부터 위까지 다 칠 때, 그때 막 엄청 붙다가 제가 오른 다리 힘줄이 나가요. 한 번 힘줄이 쫙 나갔다가 거기서 실려서 나왔죠. 나오고 어쨌든 그 당시에 몸 많이 버렸죠, 그때.

면담자　　　지금 말씀하신 건 2015년 4월에 삭발하고 영정 사진 들고 나간 집회군요.

우재 아빠　　삭발은…….

면담자　　　그게 4월이거든요.

우재 아빠　　아, 그래요? 4월은 삭발식은 여기 안산에서 따로 하고 저는 팽목에서 따로 했어요. 팽목에 저하고 찬민 아빠하고 성훈이 삼촌하고 세 명만.

면담자　　　누구 삼촌이요?

우재 아빠   성훈이 삼촌[9반 진윤희 삼촌]하고. 성훈이가 맞나? 하여튼 셋이서 그렇게 했어요, 거기서 삭발 따로, 같은 날 같은 시간이긴 한데.

면담자   그러면 말씀하신 그 격렬한 시위에서 다리를 다치신 건 그 이후가 되겠네요.

우재 아빠   이후인가? 전인지 이후인지는 모르겠지만 하여간에 내가 다쳐서 실려 나왔을 때, 그리고 좀 나을 만했을 때 이제 또 올라가서 또 많이 싸우긴 했죠. 근데 뭐 달이 몇 달이고 몇 월이고 기억은 잘 안 나는데, 어쨌든 광화문에 모여서 뭔가 했을 때는 다 올라갔죠. 피곤하죠, 어쨌든 4, 5시간을 가야 되니까.

면담자   근데 진도에서 서울로 예를 들어서 한 달에 두세 번 왔다 갔다 하면 그것도 비용이 만만치가 않거든요.

우재 아빠   제가 얘기했잖아요, 제가 16년도 2월에 어차피 회사에서 이제 잘리기는 했는데, 16년도까지는 제가 월급을 받았잖아요. 그거 없었으면 저도 못 했죠. 가끔 또 가면 용돈도 주시고 하니까 그걸로 버텼죠. 그리고 서울에서 어머니가 가끔 또 지원도 해주시고.

9
진도 팽목항에서의 생활

면담자   돈 얘기하시니까 여쭤보면, 우재 동생 양육비 지원은 어떻게 하셨어요?

우재 아빠   사고 이후로는 안 줬죠.

면담자   왜요?

우재 아빠   어제 제가 말씀드렸잖아요, 우재 개인보험 넣은 거에서 4000만 원 우재 엄마한테 줬다고. 그걸로 하라고, 그걸로 땡 치고 끝나버렸어요. 그 정도면, 4000만 원이면 충분할 거라 생각이 들었으니까. 그리고 "너도 일하니까 그 돈으로 충분, 너도 엄마니까 너도 보태면 되지 않냐. 난 지금 일을 못 하니까 줄 수는 없는 상황이니까 요걸로 일단, 일단 키워라"고 그랬죠. 나중에, "나중에 보자"고 그랬던 것 같고.

면담자   보험금 얘기가 그 얘기였군요. 말하자면 양육비를 한꺼번에 4000만 원을 미리 주고.

우재 아빠   양육비를 주기보다는 양육비는 있으면 주게 되는데, 제가 일을 하는 상황도 아닌데 못 주는 상황이니까 그거는 미안하죠. 어쨌든 너는 회사를 다니는 상황이고, 나는 지금 다닐 수 없는 상황이니까 일단 이걸로 그냥 퉁치는, 어찌 보면 쉽게 말하면 퉁친 거죠.

면담자   팽목에서는 유가족들이 내려오면 지원을 한다든지, 그런 걸 하셨어요?

우재 아빠   팽목에 있을 때는 진도 자체에 또 일 많아요. 가끔 일도 나가요. 그쪽 사람들 보면 안산 사람들이 또 많이 있어요, 안산이 고향인 사람들도 있고, 진도에. 그래서 가끔 밭에 나가서 일도 하고. 그

송이 작업하는 게 있어요, 송이버섯 하는 거. 가서 구멍 뚫어서 심는 거, 그런 거 갖다가 일도 해주고, "동네 바쁘다"고 그러면 가서 도와주고 양파 얻어 오고. 농민들은 뭐 "양파, 파 이런 건 널린 게 다 파니까 갖다 쓰라"고, "네가 먹어봐야 얼마나 먹겠냐" 그러니까. 뭐 농민들이 쌀은 갖다주고, 먹는 건 걱정이 없었어요.

바쁘다 그러면 바쁘고, 제가 할 수 있는 거는 이제 고쳐주는 거는 할 수 있는 상황이잖아요. 근데 진도에서 많은 게, 제 손이 많이 필요한 게 있더라고요. 그래서 가뭄 때 이럴 때, 가뭄 들고 이럴 때는 저도 뭐 할 게 없는 상황이었는데 갑자기 이제 막 농민들이다 보니 모터가 고장 나버리잖아요. 수리를 하려면 진도에 수리가 되는 데가 별로 없고, 목포로 나가야 되는 상황이고, 당장 물 줘야 되는 상황이잖아요. 안 되면 새 거를 사더라고요. 그래서 고장 났다 그래서 "한번 갖고 와봐, 뭐 있을 거야" 그랬는데 그때부터 이제 하다가…, 결정적인 게 배였죠, 배.

거기 어부가 하나 있었는데, 가끔 생선도 갖다주고 하는 애가 있어요. 근데 배가 출항을 해야 되는데 배가 고장이 난 거야. 이게 올리려고 그러면, 모터에 달려 있는 엔진이죠, 엔진 출력에 의해서 모터를 돌려서 밧줄을 이렇게 당기는 게 있어요. 근데 그게 안 되는 거예요. 그거 살려니까 120만 원 날아가더라고요, 모터 하나에. 그래서 "갖고 와봐" 그래서 어떻게 들어가서 같이 뜯었어요. 둘러보니까 베어링만 나간 것 같아. 당장 뭐 고칠 상황도 안 되고, 또 이게 하도 절어갖고 도저히 고칠 수 없는 상황이 된 거예요. "일단은 이거를 하나 사갖고 써라, 일단" 해놓고 그거 들고 안산으로 왔어요, 연장이 없으니까. 그래서 여기 동생 집 가갖고 연장 빌려서 안에를 뜯어봤더니, 어쨌든 전기 쪽은 이상이 없었고 베어링만 나간 거야. 하도 절어서 그냥 개고생을 하면서 다 뜯어서 2만 4000원 주고 고쳤어요, 베어링만 사갖고(웃음). 그래 갖고 이제 진도로 갔죠. 그걸 팽목에다 놔두고 나도 깜박했어요. 얘가 또 이제 배를 쓰다 보니 그래도 배를 팔고 이제 배를 조그만 거 하나 빌렸나 보더라고, 중고. 우리 동거차도 들어가는 이만한 배, 멸치 잡는 어선이에요. 이게 또 고장 났네? 그래서 나중에 그걸로 교체를 해줬죠. 실제로 갔으면 한 6, 70만 원 들어야 될 건데 2만 4000원에 고친 거죠.

그게 어떻게 이제 농민회 이장이 알았어요. 가뭄이 딱 들자마자 물을 당겨야 되니까 이제 모터들 고장 난 거 바꿔야 될 상황이고, 갖고 왔더라고요. "형님, 이거 고칠 수 있으면 고치고, 못 고치면 말고" 이랬는데, 근데 다 보니까 다 베어링이야. 근데 베어링은 구입을 할 수가 없는 거야, 진도에서. 그래서 다 뜯어서 넘버 보고 목포 가서 사갖고 왔죠. 그 자재비만 한 10만 원 정도 들었나? 10만 원에 12대를 고쳤어요. 그 애는 쌀 갖다주고, 수리비는 이제 내 부속값만 받으면서 지금까지도 쌀, 파, 양파, 마늘 이렇게 다 대줘요. 집에 모터 고장 나면 가져가서 "고쳐달라"고 하면 고칠 수 있으면 고치고, 전기 쪽 나간 건 어쩔 수 없으니까 그건 코일 감아야 되니까 "그거는 못 고친다" 하고.

뭐 깨졌든가 이런 것들은 목포 가면 부품 파니까, 아니면 인터넷으로 주문하면…. 근데 이 팽목이 주소지가 애매해 갖고 인터넷도 잘 안 되더라고, 그래서 직접 가서 사갖고 오고. 사갖고 오면 6, 7000원이면 사니까, 돈 만 원 쪽에서 사니까 수리해 주고, 지는 수리해서 몇

우재 아빠 고영환

만 원 들 건데 돈 만 원이면 고치는 거고, 전 여기 살면서 그냥 필요한 것들 거기서 조달하는 그냥 상부상조하는, 지금은 그런 상태가 됐어요. 그리고 이제 뭐 모내기한다 그러면 모판 생전 해보지도 않았지만 가서 흙만 부어주고 하면 기계가 다 알아서 하더만요. 쭉 지게차 운전해 주고, 갖다 해주고. 거기서 이제 잘 써먹고 있죠, 어쨌든 배운 게 도둑질이라고 할 수 있는 게 그런 거밖에 없으니까.

면담자   팽목에 계신 분들끼리 이런저런 대화를 또 할 거 아닙니까? 상하이샐비지가 인양업체로 선정됐을 때 팽목 분위기는 어땠습니까? (우재 아빠 : 분위기요?) 발표 났을 때 뭐 식사하면서라든지 이야기를 나눴을 거 아닙니까?

우재 아빠   "왜 저기다 줬을까?"죠, 우리 국내에도 있는데. "저것도 하나의 조작일 것이다" 이런 얘기는 많이 했죠, 서로 간에, 뭘 숨기려고. 그러니까 일단은 우리 가족이 가도, 거기에 배를 타고 상주를 했잖아요. [우리가 가도] 대화가 안 되잖아. 그것도 다 계획된 하나의 스토리 같다는 얘기도 많이 하죠, 일단은 거기서 일하는 애들하고 대화가 안 되니까. 그래서 "중국말 배워갖고 중국말 할 줄 아는 애들하고 가서 같이 들어가야 되지 않냐?" 그리고 막 "나 중국 애들 많이 아니까 걔네들 같이 데리고 들어가서 무슨 말인지 들어보면 되지 않겠냐" 그랬는데, 그런 얘기도 했죠, 많이.

면담자   인양을 한다고 발표가 되고, 그다음에 상하이샐비지가 선정이 되어서 작업을 시작했을 때 당시에 미수습자 가족들의 반응은 어땠는지 혹시 좀 보셨습니까?

우재 아빠　　미수습자들은 일반인들이라고 해봐야 뭐 권오복 씨 혼자 있었고, 권오복 씨는 매일 신문 보면서 우리보다 더 많은 지식을 갖고 있죠. 뭐라고 막 하면서 "믿을 수 없는 새끼들이고, 개새끼들이고" 막 욕만 하시고, 은화네 같은 경우 다윤네랑 거의 붙어 있는 상황…. 근데 또 권오복 씨하고는 대화를 안 하려고 해요, 어차피 뭐 선생님들 가족들은 거의 없는 상태였으니까. 근데 뭐 인양이라는 것도 이제 거기에 대해서 많은 얘기를 하죠, 자기들끼리 얘기도 하고 우리들하고 얘기를 하려 그러고. 우리랑 얘기하면 또 싸워요. 아무것도 아닌 것 같고도 싸움이 자꾸 되더라고, 대화가, 그분들이랑 얘기하면. 자꾸 "안산에 있는 집행부가 문제다. 얘네들이 하는 것들이, 생각이 우리랑 틀리다. 입장이 틀리기 때문에 그렇다"라는 식으로 얘기를 하기도 하고, 별로 안 좋게 계속 갔죠. 옆에서 유가족인 제 입장에서는 참 뭐라고 얘기를 하고 싶어도 얘기를 못 하는 상황이 됐어요. 굳이 뭐 얘기해서 같이 있는데 얼굴 붉히면서 싸울 필요는 없으니까, 들어주는 편이었죠. 그냥 막 하소연 하면 "아, 네. 네" 하고서, 은화 엄마 같은 경우 "우재 아빠도 생각을 해보시라고" [하며] 막 얘기를 하면 "그렇죠, 이해합니다" 막 이러고 넘어가야죠, 뭐.

10
사단법인 설립에 대한 평가

면담자　　2015년에 또 굵직한 일 중 하나가 사단법인을 만드는 일을 하지 않습니까? 그거는 진도 왔다 갔다 하면서 보시긴 했을 텐데, 아버님도 사단법인에 가입하셨죠?

우재 아빠   네, 그 사단법인이 참. ·

면담자   4·16가족협의회가 되는 거죠, 그때부터. 현재 우리가 '가협'이라고 부르는.

우재 아빠   논란이 많았죠, 그때는. 가족회의를 하면 그거를 가입을 하고 안 하고의 차이에서 "뭐가 차이가 있냐" 처음부터 그 얘기가 나온 거죠. 왜 그거를 만들어야 되는지, 진상 규명도 안 되고, 뭐도 안 되고, 아무것도 된 게 없는데, 근데 그거를 하려면 "단체가 만들어져서 한목소리로 가야 더 빨리 될 수 있다"라고 얘기를 하면서 만들려고 했던 건데, 그것도 반대하는 분들도 되게 많았고, 특히 회비를 낸다는 자체에서도 화를 많이 냈던 것 같아요. "왜 회비를 내야 되냐", "뭐 언제까지 국민들한테 손 벌리고 그렇게 할 수는 없지 않느냐", "내가 지금 이 상황에서 회비 낼 돈이 어딨냐" 그런 얘기도 있었고…. 초창기 때는 회비가 거의 안 걷혔어요. 중간중간 낸 사람도 있었고 했는데 거의 안 걷혀서 막 전화로 내라 마라 하고, "가입을 하세요" 하고 그런데도 많이 안 내셨죠.

면담자   어쨌든 가족협의회가 만들어지는 그 시점부터 말하자면 2015년 단계에서, 그 이후에 여름까지 유가족들이 정말 강하게 활동했거든요. 그러니까 그런 단결력이랄까, 조직력이랄까 이런 것이 상당히 강화된 건 사실인 것 같아요, 제가 바깥에서 보면.

우재 아빠   글쎄, 가족협의회 때문에 단결이 됐다고 보기는 어려워요, 그거하고는 별개였고. 그 당시에는 전부 다 어쨌든 그때까지만 해도 부모들 거의 다 나왔던 것 같아요, 웬만한 데는. 근데 지금에 와서는 좀 많이 없어졌는데, 이제 안 나오시는 분들 많긴 한데 그 당시까지만 해도 서로 막 으르렁거려도 모여서 한 번에 가는 것들은 잘했던 것 같아요. 사단법인 생겨서 이런 게 아니라, 사단법인 생기고 난 후가 더 많이 줄어들기 시작했죠. 단결이 흩어지기 시작한 거죠, 가입한 사람, 안 한 사람 이런 식으로. "왜 편가르기 하냐" 막 이러면서 그렇게 집행부 욕을 많이 하죠.

면담자   사단법인 가족협의회 만든 이후에 아까도 말씀드렸듯이 굵직굵직한 사건들이 발생했을 때, 유가족들의 신속한 대응이라든지 강력한 대응이라든지 이런 거는 좋아졌는데, 지금 아버님 말씀 중에 한편으로는 유가족들이 좀 흩어져 버리는 역효과들이 좀 있었다, 그거는 사단법인에 가입하느냐 하지 않느냐, 또 회비를 내느냐 내지 않느냐 등이 배경으로 작용했다 이렇게 보시는 거네요? (우재 아빠 : 네) 사단법인을 만들며 일부 유가족들이 배제되는 듯한 그런 측면일 수 있거든요.

우재 아빠   그러니까 그게 싫은 거죠, 자기들은 같은 가족이고 유가족인데 누구는 안 들어오고. 근데 또 우리들 단체라고 하면 여기에서 벌어지는 일은 우리 가족만 알아야 되는 상황, 밖으로 나가면 안되는, 근데 같은 유가족인데 안 들어와 있는 사람들은 가족이 아니냐, 또 그건 아니라는 얘기죠. 이게 애매한 거죠. 사단법인은 있긴 한데, 가족협의회는 있는데 여기 안 들어왔다고 해서 유가족이 아닌 건 아니잖아요. 여기에서 갈등이 생기는 거예요, 서로 간에. 뭘, 총회를 하든 회의를 하든 하면은 가족협의회 있는 사람들 명단만 쫙 올라가서 나와요. 이쪽 사람들은 명단에 없는 거예요. 같은 반에, 29명이 반에 있는데 선생님까지 30명이 있는데, 사단법인 들어가 있는 명단만 쫙 있고 나머지 사람들 빠져버려요. 근데 여기 와서 하는 거 보고 싶어서 딱 왔는데 사인하려고 하는데 내 이름이 없어. "뭐야? 니들은 유가족이고 나는 유가족 아니냐?" 이제 그러면서 싸움이 붙는 거죠.

면담자   가족대책위일 때는 그런 여지는 없었는데, 사단법인이 되면서 조직력이 강화되고 명확화된 대신 사단법인에 가입하지 않은 사람들은 유가족 활동에 끼기가 좀 어려운 상황이 됐다고 볼 수 있겠네요?

우재 아빠   그렇죠. 그렇게 돼버렸어요. 근데 거기에 안 하고, 거기에 신경 안 쓰고 오시는 분도 있어요. 있는 반면에 그냥 거기에 대해서 화가 나서 아예 안 오시는 분도 있고.

면담자   월 회비가 얼마예요, 사단법인?

우재 아빠   6만 원이요.

면담자   가구당, (우재 아빠 : 그렇죠) 인당이 아니고 가구당.

우재 아빠   네, 가구당. 그리고 입문일 때는 9만 원씩.

면담자   알겠습니다.

11

인양 시작 후의 변화

면담자　　　아까 상하이샐비지 얘기하다가 마무리를 못 했는데요. 미수습자 가족들은 만감이 교차했을 텐데, 그동안 인양을 서두르지 않으려고 했던 이유는 인양 과정에서 미수습 아이들에게 좋지 않은 영향을 미칠까 봐 우려해서지 않습니까? (우재 아빠 : 그렇죠) 근데 인양이 시작이 되어버린 거예요. 그때 미수습자 가족분들은 어떠셨는지 말씀해 주시겠습니까?

우재 아빠　　　그분들은 아직까지 체육관에 있고 팽목에만 있었잖아요. 근데 그들이 이제 자기들끼리 논의를 하다가 저런 논의가 나온 거예요. 자기는 여지껏 체육관에 있다가 팽목에 왔고, 국민들이 얼마나 아는지 모르는 상황이고 국민이, 그래서 아까도 얘기했듯이 '피케팅을 해야 된다'는 생각이 들어서 광화문에 올라가는 그런, 자기들만. 우리 유가족들도 가서 "인양해 달라, 미수습자 구호해 달라" 피켓들을 들고 그렇게 많이 돌아다니는데도 저희들을 못 믿는 [거예요]. "너희들은 맨날 진상 규명만 외치지 않느냐. 우리 애들 찾든지 말든지 신경도 안 쓰지 않느냐. 니들은 다 찾았으니까, 너네는 진상 규명만 하고", 근데 그게 아니었거든요. 같이 다니고 하면서도 "아이들 구해주고, 미수습자도 빨리 찾아달라"고 같이했던 건데 미수습자들 입장에서는 아니라는 거죠. "느그들은 진상 규명이 먼저지" 그러니까 모든 서류에 미수습자가 앞에 있어야 되는 거죠, 미수습자들 입장에서는. 근데 거기무조건 진상 규명이 먼저 가는 거죠. 근데 그게 싫은 거죠. 그런 거 많은, 어차피 열 개 상황으로 가도 똑같이 같이 가는 건데, 순서가 먼저냐 후냐를 이제 따지는 거죠. 그거 보면 참 어이없죠. 같은 거긴 한데 먼저 부르냐, 안 부르냐에 따라 틀린 거예요.

면담자　　　인양이 시작되면서 해수부가 상하이샐비지의 보고를 받고 유가족들에게 그 인양의 상세 상황을 보고를 하는 식의 세팅이 됐으면 참 좋았을 텐데, 그게 전혀 이루어지지 않으니까 인양 시작하자마자 발전기 사가지고 동거차도로 올라가지 않습니까? 동거차도에 처음에는 아빠들이 갔지만 그 뒤에는 반별로 올라갔고요.

우재 아빠　　　못 믿으니까 그랬죠, 못 믿으니까.

면담자　　　그때 팽목을 거쳐 가니까 아버님은 동거차도에 올라가시는 분들 계속 보셨겠네요.

우재 아빠　　　네. 근데 일단 준비는 해주죠. 거기 들어갈 때 어느 정도 물품은 갖고 오긴 하는데 급하게 막 들어가고 하다 보면 못 가져가는 물품들 이런 것들은 전화받고 넣어주고, 쓰다가 모자란 거 있으면 또 사서 넣어주고, 이런 거. 중간 역할이었던 거죠, 거기서.

면담자　　　팽목항 들어가는 방향에서 보면 오른쪽 끝 쪽에 거기 식당처럼 있었잖아요? 식당이랄까, 뭐 커피도 마시고 하는.

우재 아빠　　　네, 식당이요.

면담자　　　그 식당이 언제까지 유지됐어요?

우재 아빠　　　지금도 있어요.

면담자   아, 조리 기구하고 그대로 있어요?

우재 아빠   없앴죠, 〈비공개〉 목포로 들어가면서. 그때 5월 5일인가? 그때 제가 안산에 병원에 입원하고 있던 상황이었고. 근데 퇴원하고 이제 딱 갔더니 여기를 싹 쓸어간 거예요. 근데 어차피 목포에 들어가면 목포의 단체가 다 만들어주겠다 했는데도 굳이 여기 거를 싹 쓸어갔어요, 젓가락 일곱 개인가 남겨놓고. 아주 벽에 있는 거부터 시작해서 수도꼭지까지 다 뜯어가 버렸더라고. 그래서 다시 와서 다시 만들어놨죠. 진도에 있는 창고에 있던 의자 같은 거, 책상 같은 거, 광주에 있는 분들한테 연락을 해서 식당에서 못 쓰는 그릇, 젓가락, 숟가락 다 가져와서 급조해 갖고 다시 만들어놨죠, 쫙. 근데 진도군청하고 또 난리를 피웠죠, 이제. "이거 왜 이렇게 하냐"고, "니들이 뭔 상관이냐" 했어요. 그래서 다시 만들어놨죠, 그때.

면담자   지금도 그럼 사용을 하네요, 그 식당을?

우재 아빠   그렇죠. 지금도 사용하고 있죠.

면담자   제가 왜 여쭙냐면 팽목을 거쳐서 동거차도 올라가고 하면, 들러서 커피도 한잔 마시고 뭐 이러고.

우재 아빠   이게 지금 4주기 하면서 "철거한다"고 했다가 또 안 했고, 또 미루고 있다가 작년에 이제 9월 3일인가요? "아이들 사진 뺀다"고 얘기는 했잖아요, 그리고 동거차도 철수…. 근데 "사진을 뺀다"고 그랬지 팽목항에서 철수한다는 얘기는 안 했어요. 근데 이게 어떻게 언론이 이상하게 편집을 해서 철수, 철수 해갖고 철수가 된 거고…. 그 전에 이제 확대운영위에서 회의를 했던 거는 진도군청에서 넘어왔죠. 넘어와서 등대를 "보존을 하겠다. 등대를 보존을 할 테니여기는 치워달라"고 하더라고요. 나는 "등대를 보존을 하든지 말든지니들이 하고, 여기도 기억할 수 있는 공간은 만들어주라. 아이들이 올라왔던 선착은 그냥 아무것도 없앨 수 있는 그런 상황은 아니다 보니, 나는 거기에다 조그맣게 기억할 수 있는 공간을 만들어주면 하겠다"해서 그때 이제 논의가 됐었는데, "안 된다"고까지 했었어요, 군에서. 그래서 정리되고 나서 다시 얘기를 했죠. "이거는 보존하고, 등대는분해한다 했으니 하고, 그 예산 조금만 빼서 이쪽에다가 기억할 수 있는 공간을 만들어주면 내가 떠나겠다"고 했었어요. 근데 그걸 자꾸 안해주는데, 그것도 해주겠다는 식으로 얘기가 나왔단 말이죠. 근데 등대 보존도 아무것도 안 하는 거예요, 지금도. 지금까지도 손 하나 안대요. 난간이 막 빠져 있어 갖고 애들도 빠질 위험이 있는데도 손도안 대고 있는 상황이에요. 믿을 수가 없는 상황이잖아요. 거기에 대한자료를 달라 그런 거죠, 뭘 할 건지.

면담자   그 앞에 잠깐 확인하면, 그러니까 "9월에 철수한다"고발표를 한 것은 진도군청이네요?

우재 아빠   저희가 했죠.

면담자   가협에서요?

우재 아빠   네.

면담자   가협에서 철수한다는 거는 일단 동거차도를……

우재 아빠   동거차도를 철수하려고, 미리.

면담자   동거차도는 뭐 철수를 하는 거니까 (우재 아빠 : 사람들도 모집을 했던 거고) 근데 그거하고 팽목항은….

우재 아빠   팽목항은 "아이들 사진은 빼가겠다. 가져가겠다", 자꾸 뭐, 영정 사진하고 하지 마라고, 그냥 그건 사진이니까 사진만 가져가고…. 거기 분향소나 내가 숙소하고 있는 건물이나 이런 거는 우리 것이 아니고 현대자동차 거예요. 그쪽하고 연락을 해서 이거를 철수하면 그 양반들한테 물어봐야 되는 거죠, 저희 게 아니니까. 실제로는 그 양반들이 가협에 넘겨주는 건데, 군한테는 그렇게 얘기를 했죠. 이제 전화를 해서 언제쯤 철수할 건지, 그리고 그 안에 물품도 있으니까 거기에 대한 논의를 해보겠다고 해갖고 넘어갔던 건데 아무것도 안 해주니까 제 입장에서는 "나는 못 떠나겠다" 이렇게 얘기가 된 거죠. 근데 제가 논의하는 거는 이제 거기 올라오는 쪽에다가 기림비 세우고 하려고 했던 거니까, "안 된다"고 막 우기고 싸우고 있는 중이죠.

면담자   알겠습니다. 2차 구술은 여기서 마무리를 하고요. 지금 팽목항에서의 좀 새로운 국면이랄까, 새로운 움직임들과 관련된 얘기는 3차 구술 때 조금 더 하겠습니다.

우재 아빠   네.

우재 아빠 고영환

3회차

2019년 2월 11일

1   시작 인사말

2   수색 중단 후 팽목항의 상황

3   미수습자 가족들과 함께한 팽목항 생활

4   팽목항에서의 갈등

5   경찰의 움직임에 대한 생각

6   팽목에 있던 가족들의 이동

7   팽목 분향소 관리와 유지

8   팽목항 개발 계획과 기억관 조성 움직임

9   팽목항 기억관 조성을 위한 모임 결성과 활동
    시작

10 참사 전후 생각의 변화

11 활동을 유지해 주는 힘

12 우재의 의미와 앞으로의 고민

1
시작 인사말

면담자　　　본 구술증언은 4·16 사건에 대한 참여자들의 경험과 기억을 기록으로 남김으로써 이후 진상 규명 및 역사 기술에 기여하고자 합니다. 지금부터 고영환 씨의 증언을 시작하겠습니다. 오늘은 2019년 2월 11일이며, 장소는 안산시 단원구 4·16기억교실 교육장입니다. 면담자는 김익한이며, 촬영자는 강재성입니다.

2
수색 중단 후 팽목항의 상황

면담자　　　이제 3차 구술을 시작하는데요, 현재 팽목 상황에 대한 얘기까지 포함해서 여쭤보겠습니다. 근데 2차 구술에서 조금 얘기를 하다 말았습니다마는, 팽목에서 본 미수습자 가족들의 모습에 대해, 아버님이 보신 바라든가를 좀 편히 말씀해 주시면 좋겠습니다.

우재 아빠　　　상황은 상당히 안 좋은 상황. 〈비공개〉

면담자　　　어쨌든 말씀도 제일 많고 활동도 제일 많고 했던 분은 은화네, 은화 엄마가 제일 활동이 많았습니까?

우재 아빠　　　활동, 뭐 거기서 거기 아닐까요, 다? 거의 나중에 활동한 거고, 그 전에 리본스인가? 리본인가? 그 '노란 리본스'인가에 여자가 하나 붙어요. 근데 그분이 붙으면서 같이 다니게 되죠. 그래서 저도 합류를 하고 거기를 같이 다녔던 거죠. 근데 그 당시에 이제 사건이 터져요. 은화 엄마가 병원에 입원을 하고 안산에 있으면서 기자회견을 해요. 그래서 우리 가족협의회를 까죠. 그러면서 이제 광화문에 가서 뭐 우리가 집회를 하고 투쟁을 하고 뭐 하는 거에 대해 병원에서, 기자회견에서 까게 되는데, 찬민 아빠가 진도에 있다가 그 얘기를 듣죠. 화가 완전히 났어요. 화가 많이 난 상태에 있다가 전화를 해요. 저랑, "갑자기 삼촌이랑 곱창 먹고 싶다" 그래서 여기는 곱창 안 파니까 목포로 나왔다가 거기서 술 한잔하면서 은화 엄마랑 통화를 해요, 찬민 아빠가.

근데 찬민 아빠가 은화 엄마랑 통화를 한 게 아니라 그 옆에 리본스에 있는 여자애하고 통화를 하면서 싸움이 벌어져요. 은화 엄마[가] 팽목에 와서 대판 싸우죠, 이제. 근데 문제는 옆에서 본, 도와주러 온 봉사자 있잖아요, [그 봉사자] 입장에서 찬민 아빠를 까는 거예요. 내가 뭐라 했지, 이제. 그래서 거기다 대고 막 뭐라고 하는 거야. 그래서 내가 듣다 듣다 열받아 갖고 "너는 봉사자고, 여기는 어쨌든 유가족과 미수습자 사이에서 찬민 아빠가 잘못했든 은화 엄마가 잘못했든, 너는 여기서 중간에 끼어들 상태는 아니고, 은화 엄마 편을 들어서 찬민 아빠 욕을 하는 거는 니가 무슨 권리로 하냐? 니가 그따위로 할 거면 여기를 떠나라" 그랬죠, 제가. 그랬더니 나중에 또 저녁에 술 먹고 한쪽에 앉아갖고 맥주 마시면서 뭐라고 막 하더라고요, 욕까지 하더라고요. 그래서 내가 쌍욕을 하면서 내쫓아 버렸어요.

그랬더니 다음 날 은화 엄마 쫓아와 갖고 "걔를 보내면 나는 어떻게 하냐고. 나 돌아다니려면 운전도 해야 되는데, 운전 못 하는데 걔가 운전해 줘야 되고, 이런 행사도 다 해야 되고". 은화 엄마가 알고 있는 행사가 그 여자가 만든 행사가 아닌데 지가 한 것처럼 다 은화 엄마한테 얘기를 해논 거야, 해놓은 거지, 쉽게 얘기하면. 〈비공개〉

면담자　14년 11월에 기자회견 하기 전에는 현철이네도 다 같이 있었잖아요.

우재 아빠　그들은 있다가 다 갔죠.

면담자　그러니까 수색 중단되고 갔죠?

우재 아빠　그렇죠, 나머지들은 팽목 들어왔고.

면담자　수색 중단되면서 진도체육관에서 팽목 주택으로 들어왔고 (우재 아빠 : 네) 그다음에 현철이네는 안산으로 들어왔고.

우재 아빠　일단은 팽목으로는 왔어요, 왔다가 좀 있다가.

면담자　오래 못 있고 올라온 이런 상황이었고. 그리고 아버님 포함해서 삼촌들 등이 쭉 합류를 해서 같이 지내는 게 됐겠네요.

3
미수습자 가족들과 함께한 팽목항 생활

면담자　제가 좀 상상이 안 가서 그러는데, 아침에 일어나면 아버님도 계시고 삼촌들도 있고 그다음에 은화 엄마도 있고 그러면 뭐 어떻게 해요, 서로 뭐 이렇게 인사하고.

우재 아빠   인사하고 밥해놓고 깨워요, "밥 먹으라"고.

면담자   주로 주방은 누가 하셨어요? (우재 아빠 : 제가) 아버님이 하셨어요?

우재 아빠   처음에는 봉사활동 하는 사람들이 했었는데 그 시간이 끝나면서, 주방 일하는 분이 자원봉사인 줄 알았더니 돈 받고 일하시는 분이더라고.

면담자   14년에 거기 있던 분이? (우재 아빠 : 네) 아, 그래요?

우재 아빠   하루에 "7만 원인가 8만 원쯤 받고 일하셨다"고 하더라고요. 이제 "끝났다"고 "가신다"고 하시길래 음, "가시라"고, 그러는데 집기들 다 챙겨가는 거예요. 그래서 "뭘 챙겨요?" 그랬더니 "이거 내 거"라고 가져가는 거예요. 뭐 자기 거라고 하는데 내 것도 아닌데 뭐라고 할 수 없는 상황이니까 "가져가시라"고 하고…. 그때 이제 찬민 아빠랑, 찬민 아빠가 처음에 조금씩 조금씩 했죠. 봉사자들은 밥 못 하는 여자들도 있더라고. "밥 좀 할 수 있냐?"고 했더니 아무도 못 한다고 하고, 그러다 보니까 이제 어떻게, 어떻게 하다 보니까 주방을 맡게 됐어요, 처음에는 안 맡고 있다가.

면담자   그러면 15년에는 쭉 거기서 말하자면 요리장 역할을 하셨네요?

우재 아빠   그 전에 이제 셰프도 있었죠. 계×× 셰프라고 있어서 그분이 가끔 왔다 갔다 하시면서 남아서 해주시기도 하셨는데, 그분도 이제 떠나고 나서부터는…. 그래도 밥은 먹어야 되니까…. 근데 봉사활동 하는 사람들이 와서, 가끔 오긴 와요, 근데 자꾸 뭘 갖고 가는 거야, 뭘 챙겨가. 뭔가 오면 뭐가 없어. 이러고 이제 야채 같은 거나 이런 것들은 또 보내오는 데가 있어서 꾸준히 있었는데, 그게 들어오면 그 양반들이 왔다 가면 없어지는 거야, 계속 뭔가가. 나중에는 안 받았죠, 이제. "우리끼리 꾸려가자" 그래 갖고 이제. 그때부터 어차피 주변에는 다 있잖아요, 쌀도 있고, 반찬도 있고. 그때부터 슬슬 시작하다가 문화제 같은 게 열리니까 그 양반들한테는 저희가 해줄 수 있는 게 하나도 없더라고요. 얘기를 하다가 "그럼 제가 밥해드릴게요" 그러다가 보니까 주방을 맡게 됐죠.

면담자　그러면 미수습자 가족들하고 아버님 등이 식사를 보통 같이하셨네요? 나가지 않으면?

우재 아빠　그렇죠, 같이 나가서도 먹고. 오늘 여기서 밥 먹기 싫으면 "수제비 먹으러 갈까요?" 그래서 동네 가서 그냥 수제비 먹으러도 가고. 같이 나가려고 하면 잘 안 나가려고 하기는 하는데 주변에 가끔 한 달에 한 번씩, 일주일에 한 번이었나? 한 달에 한 번씩 시장이 왔어요, 안산시. 제종길이가 와서 밥 사주고 가고 할 때면 또 미수습자들만 데려가요. "같이 가자" 그러면 가서 "같이 식사하시자"고 그러고 같이는 안 가고, 우리끼리 가면 가는데 시장 껴서 가면 좀 그래서. 시장도 뭐 한쪽만 얘기를 듣는 게 낫지, 양쪽 말 들으면 좀 그럴 것 같아서 안 갔죠.

면담자　아버님 말씀으로는 미수습자 가족분들하고 서로 막 마음이 통하는 상태는 아니었음에도 불구하고 식사도 같이하고, 아침에 일어나면 웃으면서 인사도 하고, 그런 동거를 꽤 오래 하셨네요. 목포 신항으로 옮기기 전까지 하셨으니까.

우재 아빠　　저는 그냥 밥을 해주는, 어차피 누군가는 밥을 해야 되는 상황이니까 "내가 밥 하죠" 하고 했던 거고, 어쨌든 맛있게는 해 먹어야 되는 판이었으니까 일부러 다윤이 엄마한테 뭐 먹고 싶은 거 있냐 그러면 뭐 먹고 싶은 거 있다 그러면 그거 해다 주고, 은화네도 먹고 싶은 거 있으면 최대한, 먹고 싶은 거 있다 그러면 어쨌든 할 수 있는 만큼은 최대한 해줬던 것 같아요.

면담자　　우리말에 '식구'라 그러면 밥을 같이 먹는 사람들이니까, 밥을 같이 먹으면 엄청 정이 들기 마련인데.

우재 아빠　　밥 먹다가 싸우긴 많이 싸우죠. 서로 안 맞는 것도 있죠. 근데 어차피 밥은 같이 먹어야 되니까, "밥 안 먹는다" 그러면 내가 강제로 불러다가 막 먹이고, "아프다" 그러면 갖다가 주기도 했으니까. 거기 삼촌들도 "아프다" 그러면, 안 나오면 내가 싸서 갖다주고, 안 되면 정 "맛없다" 그러면 밥 비벼서도 갖다주기도 하고. 배달도 했었어요, 거기서. 어쨌든 같은 식구인데 아픈 건 별로 안 좋아서 약도 사다 주기도 하고….

면담자　　아버님이 팽목항을 크게 품고 있었다고나 할까 그런 느낌이 좀 있네요. 왜냐하면 일단 미수습자 가족들은 어쨌든 간에 마음이 마음이 아니거든요. 근데 필요한 것들을 옆에서 계속 대주고, 옆에 사람이 같이 있다는 것 자체도 큰 위안이 됐을 것 같습니다.

우재 아빠　　모르죠, 뒤에서는 욕을 할지, 뭐 앞에서는 대놓고 심하게 하지는 않았던 것 같은데…. 그것도 그렇게 크게 싸운 건 한 두 번밖에 없고, 나하고는 별로 없는데 찬민 아빠하고는 트러블이 많이 생겼죠. 들어줄 땐 들어주고, 다 듣고 나서 이제 '이게 이렇게 됐다' 이렇게 얘기를 하면 좋은데, 말하다 말고 성질난다고 딱 잘라버리고 그러면 그게 싸움거리가 붙으면 끝까지 싸우게 되더라고, 또 은화 엄마가 말이 너무 많으니까 다 듣고 나서 이제 흥분 가라앉히고 나서 얘기를 하면 잘 돼요. 근데 중간에 말을 하고 있는데 자르면서 거기에 대해 토론을 해버리면 싸움이 되더라고. 그러니까 들어주다가 거기에서 다 듣고 나서 나중에 얘기하면 조용히 얘기할 수 있는 얘기인데. 그렇다고 둘이 싸운다고 해서 해결될 일도 아니고, 뭐 가협에서 나온 어떤 얘기든, 뭐가 나온 얘기든 그거 가지고 여기서 싸운다고 해서 정해지는 것도 아니고 그런데 그걸로 우리가 싸울 필요는 없잖아요.

4
팽목항에서의 갈등

면담자 가협에선 누가 공식적으로 자주 내려오고 그랬습니까?

우재 아빠 아니죠, 그런 건 없었죠. 반별로 내려오는 것도 심했죠. 안 내려오고 싶어 하는 사람들은 거기 강제로도 막 내려보내고 그랬으니까.

면담자 그러니까 동거차도에 반별로 내려가기 시작하면서는 거기를 대부분 들렀을 텐데, 미수습자 가족들하고는 이야기를 나누거나 이런 거는 별로 없이 움직였던 것 같네요.

우재 아빠   오면 다 방으로 들어가 버리죠, 미수습자들이. 거의 친하게 안 지내는, 얘기를 거의 안 하죠. 좀 친한 분들만 가서 얼굴 비추고 인사나 하고 그러지 뭐, 그런 거는 별로 안 했던 것 같아요.

면담자   사실은 인양을 시작한 시점부터는 애들을 찾은 다음에 배를 세울 것이냐, 배를 세워서 육지에 올려놓고서 애들을 찾을 것이냐, 그 둘 중에 어떤 것을 선택할 것이냐 이외에는 일반적으로는 대립할 이유가 없지 않습니까?

우재 아빠   아니죠. 그거 말고도 이제 다른 일이 많아요, 그냥. 자기들 개인적인 것도 있고, 같은 반일 경우에 소통 안 되는 것도 있고, 진짜 많아요. 안에서, 내부적으로 서로 간에 모르는 갈등이 진짜 많더라고요. 근데 같은 반에 대표들도 있잖아요. 은화 엄마도 어차피 같은 반의 대표랑 누군가 얘기를 해야 되는 상황이었는데도 그게 잘 안됐고. 〈비공개〉 제가 12월 달인가? 15년 12월 달에 이제 우리 아빠들이, 10월쯤에 축구팀이 만들어져요. 9월인가 8월부터 얘기들이 나와갖고 축구팀이 만들어져서, 이 동네 조기 축구 이런 데랑 축구를 해요, 족구도 하고. 만들어져 있다가, 나도 거기 가입을 해 있던 상태라 공도 몇 번 차고 해서 "진도도 한번 와서 진도 사람들하고도 한번 차자" 그래 갖고 진도청년회랑 협의가 됐어요. 그래서 아빠들이 다 왔죠, 차 타고. 근데 공도 못 차고 그냥 그때 인대가 끊어져 버렸죠. 십자인대가 다 나가버렸어. (면담자 : 누가?) 제가. "빡" 하는 소리가 저쪽 끝에까지, 골대에서 골대까지 들려버렸어요. 끊어진지도 모르고 있었고,

공 잘 차갖고 삼겹살에 고기도 잘 먹고 전 아파서 이제 들어오고, 다음 날 다 올라가 버리고 나는 혼자 달랑 남았고, 병원은 가야 되겠는데 차는 운전은 못 하겠고. 그때 이제 박종필 기자[다큐멘터리 영화감독] 있죠. 우리가 동갑 친구더라고요. 그래서 그 전부터 이제 알고 있어 갖고 그날 그 친구가 침 놔주고 목포로 갔죠. 처음에 진도로 가서 엑스레이 찍어봤더니 "목포로 가서야 될 것 같은데요"라고 하길래 갔더니 전후방하고 안에 슬개골까지 아예 박살이 났더라고요. "이러고 어떻게 걸어왔어요?" 하길래 "그냥 걸어왔다"고, "수술을 해야 된다"고 하는데 "한 달 있다 해야 된다"고 해서 "그럼 나 그냥 안산 가서 하겠다"고 그래서 소견서 받고 안산으로 와서 수술을 받고 재활을 하고 다시 팽목에 들어갔죠.

근데 그 당시에 대학생 도보 하는 데가 있어요. 대학생 도보가 있었는데, 그 도보 행렬에서 팽목에 들어와서 발언하고 가는 와중에 여기에 미수습자들이 발언하는 게 있어야 되는데 그 발언이 빠졌어요. 근데 이제 진도 쪽에 있는 고×× 선생님이나 이 양반들이 생각을 못 했나 봐. 내가 볼 때는 그게 못 한 게 아니라 시간이 지연이 되다 보니까, 여기서 빨리 끝내고 가야 서울에 버스가 끊기기 전에 도착을 해, 애들 대학생들 "집에 간다" 하기 때문에. 근데 거기에 은화 엄마가 미수습자들의 발언을 하는 게 얼마나 걸린다고 그걸 뺀 거예요. 찬민 아빠하고 거기서 트러블 생기면서 대판 싸우고, 찬민 아빠가 팽목을 떠나요. 그러면서 은화네하고 다윤네가 점거를 하게 돼요, 거기를.

그러다가 내가 들어갔죠. 며칠 지났죠, 지났는데 갑자기 은화 엄마가 어디 가고 다윤 엄마가 있는데, 다윤 엄마가 나한테 와서 "우재 아버님, 죄송한데 저희는 미수습자고, 유가족분이나 아버님은 할 수 있는 것도 많고 여기 계시면 좋긴 한데, 저희들 입장이 좀 많이 불편하니 좀 비워주시면 안 되겠습니까?"라고 하더라고요. "얼마나 비워드릴까요?" 그랬더니 "뭐, 조만간 배가 인양되면 저희도 목포로 가든지 이렇게 될 거니까 일단 그때까지만이라도 비워주시면 안 되겠습니까?" 이러더라고요. 그래서 내가 "생각 좀 해볼게요" 그랬죠. 내가 여기 계속 있어야 되는 상황도 아닌, 있어야 되는, 이게 갑자기 이제 이상해진 거예요. 그 잠깐 동안 빈 사이에 찬민 아빠는 떠나버린 상태가 됐고, 왔다 갔다는 하는데 올 때마다 싸우는 거죠, 으르렁거리면서.

근데 생각을 해보니까 자기들끼리 또 이제 영인네랑 현철이네랑 다 팽목으로 올 텐데, 자기들끼리 얘기도 해야 되는 상황인데 '내가 있으면 자기들 이야기, 정보가 흐를 수도 있나?' 생각도 해봤죠. 내가 "그러면 잠깐만 비워드릴게요"라고 했죠. 내가 정 불편한데 내가 굳이 여기 있어서 할 건 없고 "그럼 밥은 어떻게 드실 겁니까?", 자기들이 "알아서 먹겠다"고 했으니까 "그렇게 하세요" 했죠. 대신 "문화제 할 때는 오겠다"고 했어요, 문화제 같은 거는 해야 되니까. 그거 한다고 하고서 내가 잠시 안산으로 오죠. 〈비공개〉

면담자　2014년 같으면 가족협의회 운영위원장이 자주 내려오지 않았어요? 11월까지는 회의도 계속 있었고, 중대본회의가 있었으니까. 근데 11월 수색이 끝난 다음에 목포로 옮기기 전까지 굉장히 긴 시간인데, 별로 유가족협의회에서 안 내려왔다는 말이네요?

우재 아빠　운영위원장은 거의 안 왔죠. 오긴 해도 군청이나 들렀다가 갔다 오고 하는데, 군청 들렀는데 여길 안 왔다 그러면 말이 안 되잖아요, 또.

면담자 근데 또 조직 구성상 보면 인양분과 이름이 원래는 진도분과였단 말이에요, 진도와 안산을 연결해 주는 역할이었고. 그게 미수습자가 얼마 안 남았을 때는 미수습자와 유가족을 연결시키는 역할로 바뀌었을 텐데, 동수 아빠 등이 역할을 하고 있었잖아요. 그러니까 공식 채널로는 미수습자들하고는 별 관계가 없었나 보죠? 대화를 한다든지.

우재 아빠 대화는 했겠죠. 뭐 직접 만나서 하는 건 못 봤고 전화로도 많이 하는 것 같더라고요. 따로 만나서 뭔가 논의는 했겠죠. 배에 관해서는 어쨌든 미수습자하고는 합의를 봐야 되는 입장이었으니까, 뭘 하더라도. 나사 하나를 어떻게 하더라도 다 물어보고 어떻게 할 건지 다 논의를 했던 걸로 알아요. 그냥은 안 했던 건데 그래도 선체 쪽이나 뭐 진상 쪽은 거의 뭐 우리도 그 당시는 손 못 대는 상태고, 아무것도 밝힐 수 없는 상태였던 거고. 인양분과장 같은 경우에는, 동수 아빠는 은화네랑 많은 대화를 했을 거예요, 미수습자들하고. 우리도 모르게 어쨌든 팽목에 있지만 목포에서, 안산에서든 많은 대화를 했을 거예요, 근데 서로 잘 안 맞았던 것뿐이지. 해수부 자체에서도 우리가 인양에 대한 어떤 방식을 제시를 해도 들어주지 않았던 상황이었고, 실패하고 나면 어쨌든 또 우리가 했던 방식으로 갔던 거고….

면담자 동수 아빠 등이 찬민 아빠나 아버님을 통해서 이런저런 이야기를 듣기도 하고, 또 미수습자들과 이야기를 나누게 하고 그런 연락도 많이 하셨습니까?

우재 아빠   그런 거는 전혀 없었어요.

면담자   왜?

우재 아빠   그건 모르죠. 그런 거는 물어보지도 않았어요. 그냥 나가 있으면 거기서 잘 지내시냐고만 하지, 미수습자가 어떻게 지내냐고 물어보는 사람은 없어요. 그냥 "거기 뭐 하러 있어?"라는 분들은 계시죠. "거기 왜 있어?"라는 분, 지금도 그런 말은 듣죠.

면담자   제 생각에는 그 당시 아버님 등의 역할이, 하나는 미수습자들이 여러 가지 의미에서 좀 평온하게 지낼 수 있게 하는 그런 역할이 있었을 것 같고요. 그다음에 또 하나가 역시 가협과 미수습자를 연결시켜 주는 어떤 그런 역할이 좀 있었을 것 같고, 그리고 또 해경이나 해수부가 다양한 공작을 할 텐데 약한 위치에 있는 미수습자가 아니라 유가족들이 거기서 일종의 협력적 방패막이 역할, 뭐 이런 걸 할 수 있다고 보거든요? 근데 아버님 말씀을 들으면 뭐 그런저런 역할을 적극적으로 의지를 갖고 하신 것 같지는 않아서 여쭤보는 겁니다.

우재 아빠   그런 것 자체가 없었어요.

면담자   아버님께선 그런 생각을 갖고 계셨잖아요?

우재 아빠   그렇죠. 얘기하면 같은 얘기도 할 수 있는 상황인데 그런 얘기는 저희들하고는 하지는 않아요, 해수부 자체도 오지는 않았으니까. 와서 그냥 인사만 하고 가는 정도? 와서 뭐 어떻게 사는지 그런 것들은…. 은화 엄마가 밖에 나가서 누구를 만나고 해수부 쪽을 만나서 얘기하고 그러는지는 모르겠지만, 팽목에 와서 대놓고 그렇게 하는 분은 없었어요.

면담자   그런 역할 부분이 이제 인양이 완료되고 직립되고 선체조사위 끝나고, 그리고 이제 합동영결식 지나고, '팽목에 무엇을 남겨야 된다' 이런 새로운 과제로 발전하고 있다고 보는데, 그 부분은 제일 마지막에 여쭤보겠습니다.

5
경찰의 움직임에 대한 생각

면담자   또 궁금한 게 팽목에 있다 보면, 해수부나 해경이나 또는 알지 못하는 정보 사이드나 이런 데서의 움직임 같은 게 좀 감지가 되셨습니까?

우재 아빠   정보관들이 많이 왔다 가죠.

면담자   어디 정보관이요?

우재 아빠   진도에 있는 정보관.

면담자   진도경찰서 정보관입니까, 해경 정보관입니까?

우재 아빠   진도, 해경은 아니고. (면담자 : 진도경찰서 정보관) 예. 많은 걸 물어보고 가요. 일부러 떠보는 건지, 알고 있는데 모르는 척하면서 물어보는 방법, 동거차도에서 상황들, 위에선 어떤 상황들…. "정보를 캐려도 나한테 캐려고 하냐? 직접 가서 캐야지" 그랬더니 "아니, 그냥 상황이 어떤지 잘 몰라서", 상황을 얘기는 해주죠. "근데 이

거 갖고 가서 니가 한 것처럼 하려고 하냐?" 이런 식으로도 얘기를 하고, 일부러 나도 떠봐서 정보 좀 캐보고 그러기도 하고…. 요즘은 술도 먹어가면서 얘기도 해요, 이제, 서로 간에. 지금의 해경은 별로 보고 싶지 않죠, 해경 자체는. 근데도 해경이 계속 바뀌어요, 위의 상관들이. 바뀔 때마다 인사는 하러 와요, "알았다" 하고 그냥 보내고. 근데 해경도, 경찰도 보면 지금 상황은 좀 우호적인 편. 그래서 이제 군쪽만 좀 그런 상황이지, 정보라고 해봐야 뭐 서로 간에 "오늘 어디 가서, 오늘 뭔 일 있냐?" 물어보면 그런 것 정도는 얘기해 주죠. "오늘 왜 진도에 있는 경찰들 아무도 없냐?" 그러면 "오늘 광화문 다 올라갔습니다. 오늘 아버님들 뭐 하신다면서요?" 그리고, "그래서 여기까지 다 가냐?" 그랬더니 "모자라니까 여기서도 다 갑니다" 그러더라고.

면담자　　　미수습자들을 어떤 사안으로 회유하려고 움직였다거나 그런 느낌을 가진 적은 없습니까?

우재 아빠　　　그건 체육관에서 끝났죠 벌써, 체육관에서 모든 문제 다 끝난 상태에서 팽목으로 넘어온 상황이니까. 근데 뭐 기다리라기보다는, 팽목에서는 기다림이죠, 그냥 기다리는 장소였을 뿐이지. 왜냐하면 솔직히 배 인양이 되고도 미수습자들이 팽목에 있었으면 더 좋았을 것 같아. 여기서 목포로 왔다 갔다 하는 게 훨씬 더 나았던 것 같아. 거기서 배를 바라보고 있으면, 나도 하루 종일 보고 있으면 미쳐버리겠던데, 그걸 바라보고 있으니 그게 잠이 오겠냐는 얘기지. 이미지상으로 남들이 보는 입장에서는 '당연히 가 있어야 된다'라고 생각을 하겠지만, 나중에 시간이 지났을 때는 아무도 안 나오잖아. 누가 뭘 하면 "아이 찾은 거 같아" 하면 그때 나와서 보고, 뭐 하는 거는 아무엇도 없다는 거죠. 유가족과 미수습자의 차이는 이런 거, 내 새끼만 찾을 생각만 하는 거잖아요, 지금. 근데 거기 가서 내가 직접 뻘 바르고 이렇게 하는 거는 처음에 조금 하고 말았잖아. 보여주기식으로 하고 끝나고는 아무것도 안 하는 상황이었고, 우리 부모들은, 유가족들이라고 하는 우리 부모들은 가서 아침부터 해서 저녁까지 계속 그거 해야 되는 상황이었고, 그럼 도대체 누가 진짜 미수습자인지 모르는 상황인 거야, 내가 볼 때는. 진도에서 보고 있으면, 뭐 하는 짓인지 모르겠다는 거죠. 〈비공개〉

6
팽목에 있던 가족들의 이동

면담자　　그러다가 인양이 되면서 목포로 옮겨 가잖아요. 그때 상황은 누가 어떻게 움직였는지 기억이 나시는 대로 좀 말씀해 주시면 좋겠습니다.

우재 아빠　　목포 상황은, 해수부 쪽에서는 "그쪽에 모두 마련이 됐으니 오시라"는 거고, 이 짐을 다 가져가는 거니까 그것만 가져갔으면 됐어요, 근데 뭐 식당까지 얘기하니까. 거기서는 어차피 취사가 안 돼요. 안 되기 때문에 "안 된다"고 했는데도, 다음 날인가 권오복 씨하고 다윤 아빠하고 와서 싹 싣고 가버렸더라고요. 그땐 저 없었는데 싹 싣고 가버려 갖고 벙쪘죠, 이제. 젓가락 일곱 개인가 남겨놓고, 하여튼 벽이란 벽, 바닥까지 싹 긁어갔으니까. 어쨌든 다시 차려놓긴 했지만…. 근데 그 상황도 되게 웃긴 게 난 왜 그렇게, 찬민 아빠와의 관계가 싫었던 것도 있고, 자기네들이 또 가면서 그냥 가면 되는데, "팽목은 철거입니다"라고까지 발표를 하고 가요. 무슨 짓이냐고, 자기네는 잠깐 머물다 간 사람들이 그렇게까지 하고 갈 필요는 없는데, 왜 그랬는지는 난 지금도 이해가 안 가. 물어보고 싶은데, 여기까지 막 나왔다가도 그 얘기는 안 해요. 근데 지금도 가끔 와요. '그때 왜 그랬어요?' 하고 물어보고 싶은데, 또 싸울까 봐 안 물어보고 넘어가기로 해요, 지금도. 난 지금도 왜 그랬을까 하는 이유가 참 궁금해요.

면담자 요즘 가끔이라도 오시는 분이 누구세요?

우재 아빠 가족 중에요?

면담자 아니, 미수습자 가족 중에.

우재 아빠 두 분만 와요, 다윤네하고 은화네만. 둘이서 슥 갑자기 나타나 갖고 "잘 계세요, 아버님?" 하고 그러고 가요. "아, 네, 잘 지내죠" 하고 얘기 좀 하다가 그냥 가고.

면담자 아버님이 걱정이 돼서 내려오시나?

우재 아빠 그건 아닌 거 같아요.

면담자 아이들을 느끼고 싶어서 내려오시는 거예요?

우재 아빠 (한숨을 쉬며) 글쎄요. 어디 들렀다가, 온 김에 들르겠죠? 자기들이 날 보려고 직접 오는, 그렇게 올 사람들은 아니죠.

면담자 이제 그래서 목포 신항으로 다들 옮겨 간 다음에 거기에 누가 남았어요? 아버님 혼자?

우재 아빠   네, 저 혼자 남았죠, 이제.

면담자   그 전에 다른 사람들은 이미 떠난 상태였고.

우재 아빠   진도에다가 집을 얻고 살죠. 다 나가서 살고 이제 오지는 않죠, 팽목에도. 〈비공개〉

7
팽목 분향소 관리와 유지

면담자   이사를 해도 팽목항에 분향소가 차려져 있었는데, 그 분향소도 정말 오래 있었던 분향소고 굉장히 많은 사람들이 거쳐 간 분향소지요. '그 분향소를 어떻게 할 것이냐'에 대한 논의는 누가 어디서 먼저 했으며 어떤 내용들이 좀 진행이 됐습니까?

우재 아빠   논의라… 〈비공개〉 분향소에 대한 논의는 아무도 한 적이 없었던 걸로 알아요. 거기 사진 걸리고 이름이 적혀 있으면서 석준이 아버지 같은 경우는 "이름 빼주라", "사진도 빼라"고 했었는데, "사진 밑의 이름만 빼자" 해서 처음부터 이름을 뺐고, "놓기 싫은 사람들은 가져가시라" 했고, 일반인들은 놔뒀다가 "다 빼라" 그래서 다 뺐고, 그렇게 놨어요. 그냥 이렇게 놓고 하얬어요, 이렇게, 처음에는. 하얬다가 정수 삼촌하고 보고 있다가, 그 당시엔 분향소에서 살았어요, 분향소에서 잠도 자고. 거의 사람들이 매일 오다시피 하니까, 두 달을 거기서 진짜 장례식 치르는, 오는 사람마다 볼 때마다 아침부터 저녁까지 우는 거예요. 내가 지치는 거야 내가, 내가 힘들어서 못 살 정도로.

근데 너무 하얗잖아요. 하얗고 사진 딱 있고 하다 보니까 정수 삼촌이 이제 제안을 하더라고요. "형님, 여기 좀 예쁘게 꾸며봅시다", "야, 이거 꾸며서 뭐 할 건데?" 그랬더니 "너무 어둡잖아. 그리고 우울하고 하니까 화사하게 꾸며봅시다" 그래 갖고 "어떻게 꾸밀 건데?", "일단은 제가 알아서 하겠습니다" 하더니 재료를 막 구입을 한 거죠. 근데 돈이 없다 보니까 자기 나름대로 이제 연락처 해서 후원받고 해서 꽃 같은 거, 모조 꽃 같은 거 많이 구입을 해갖고 스티로폼 갖고 와서 자로 다 재고, 색칠하고, 락카[래커] 뿌리고 해서 그렇게 꾸며놓은 게 지금의 분향소예요. 분향소 꾸며놨더니 이제 제단을 딱 놨잖아, 단을. 맨 과자만 있는 거야. 과자만 있다가 제가 양평에 한번 간담회를 갔다가 양평에 그 뒤로 한두 번은 더 갔었는데, 양평에서 이제 옷을 만들어요, 후드티 까만 거. 거기 이제 하얀 배를 그려갖고 이렇게 딱 있더라고. 내가 보니까 '아, 저거 괜찮네' 그래 가지고 제가 그때부터 나무조각을 하기 시작을 해요. 우리 반 것만 딱 만들어갖고 하나 딱 만들어놨죠. 그랬더니 그냥 부모님들한테 맞아 죽을 뻔했죠.

면담자   누구한테?

우재 아빠   부모들한테. "니 반만 있냐?" 그래 갖고 "알았다" 해갖고, 이제 1반부터 10반까지 만들게 돼요. 쭉 만들어놓고 보니까 아, 뭔가 빠진 것 같아서 '이름도 파야겠네' 해갖고 이름도 팠는데, 들어가다 오타 나고 하는 것도 있으니까 욕먹고 몇 번 갔죠. 그거 만드는데 한 달 걸렸던 것 같아요. 그거 만들어놓고 그때부터 이제 분향소에 대한 뭔가, 이제 막 만들어지면서 뭔가 자꾸 놓게 되고 조금씩 조금씩 변하는 거죠. '꽃도 있어야 되겠네' 그래 갖고 있는데 교육감 쪽에서, 교육 쪽에서 "분향을 오겠다" 그래서 "뭐 필요한 게 있냐?"고 [묻더라고요]. "여기가 좀 화사했으면 좋겠으니까 화분 좀 갖다줄 수 있냐" 그랬더니 화분을 갖고 왔어요, 이따만 한 것들로, 혼자 들 수 없는 것들로. 그거 8개인가, 10개인가 갖고 와서 옆에다 놓게 되고. 그러니까 분향소가 이제 좀 나아졌죠, 처음 들어올 때보다는. 그렇게 해서 이제 지금까지 오게 되는 거죠.

면담자 그렇게 아버님 체취가 남아 있고, 팽목이라는 공간에 대한 아버님의 생각이 그런 데 담겨 있을 텐데, 결국은 그다음엔 어떻게 하셨어요, 분향소는?

우재 아빠 그냥 그대로 존치하는 거죠, 존치가 됐고.

면담자 사진은요?

우재 아빠 사진도 그대로 있고. 은화네나 어차피 그분들은 아이들 사진이 없죠, 다 빼갔으니까, 놓는 거 자체를 싫어했으니까. 그리고 없어진 거는 뒤에 천주교 십자가 만들어놓은 게 없어졌죠. 안산 내려갔다 오는 사이에 천주교에서 빼가 버린 거예요, 광주지구[광주교구]에서. "아니, 이거 말도 않고 빼가냐"고 했더니 "아니, 이게 철수한다고 해서" 은화 엄마 쪽에서, 미수습자 쪽에서 여기 팽목 철수라 하니까 여기도 군에서 없애버릴 것 같으니까, 그 돈, 십자가를 2000만 원인가 주고 만든 거거든요. 저도 같이 만들었어요 옆에서, 갖고 오서서 용접도 하니까. 여기서 같이 따서 만들어놓은 건데 없어질 거 같은 것도 있다 보니까 천주교에서 먼저 손을 쓴 건지, 갔다 왔더니 홀라당 빼 가버리고 없고, 거기에 이제 뭐 기억, 벽돌 남겨놓은 것도 없어지고, 거기는 뭉개져 버렸더라고요, 다. 그나마 분향소 쪽에 있던 거는 찾아갖고 앞에다가 쌓아놓게 된 거고.

면담자 갑자기 생각이 나서 이것도 여쭙습니다만, 분향소에 가면 아버님 말고 제가 모르는 분이 이렇게 서서 맞은 분이 계셨던 기억이 나는데 그런 분은 없으세요?

우재 아빠 제가 맞았던지 다른 아버지가 와서 맞으셨던지 그러셨겠죠.

면담자 그러면 현재 사람은 거의 없죠? (우재 아빠 : 많이들 오세요) 지금도? (우재 아빠 : 네) 어디서 주로 옵니까?

우재 아빠 저도, 진도라는 데 사람들이 거의 모르고 지내다 4·16이라는 참사가 생기면서 이제 진도로 오게 되는 거죠. 오다 보니까 진도가 구경할 데가 되게 많아요, 그리고 조도로 배 타고 가면 볼 것도 있고. 많은 사람들이 조도나 섬 같은 데 가는 사람도 있고 동거차도 갔다 온 분도 계세요. 근데 동거차도 들어가면 다음 날 나와야 되는 상황이다 보니까 좀 그렇고, 조도는 1시간이면 왔다 갔다 할 수 있는 거리니까 배도 많고. 들어갔다 이제 풍랑 만나면 못 나올 수 있긴 하겠지만, 그래도 많이 오세요, 지금. 박근혜 정부 있을 때는 교육청 자체에서도 4·16은 막아놨잖아요. 탄핵되고 나서 학교에서 아이들 교육으로 와요. 근데 지금도 가끔 유치원생들도 오고 초등학생들 그쪽에서도 와요. 그리고 그전에 노인네분 두 분이 오셨는데, 밤중에 여기 찾아서 오셨다고, 길 잃으셔서 해경이 데리고 왔더라고요.

면담자　　　저는 사실 철수라고 해서 팽목 분향소가 완전히 철거된 줄 알았어요. 그대로 있군요.

우재 아빠　　　그걸 많은 사람들이, 광화문에 있는 분들도 그렇게 생각을 하고 계시더라고요, 그래서 내가, "나는 버티고 있다"고 일부러 "리본 보내달라"고. 그때는 리본 다 잘라버렸거든요, "이제 그만 보내시라"고 "내가 알아서 하겠다"고 했었는데, "뭐야?" 그랬더니 광화문에 있는 분이 이제 [4·16]연대에다 쓴 데에다가 댓글을 다는데 "광화문도 없애고 팽목도 없애고 모든 기억 공간 다 없애고 나서" 막 이렇게 써놨길래 일부러 전화해 갖고, [광화문 노란리본공작소] 정찬민 씨한테 전화해서 "저 리본 좀 보내달라"고 [했더니] "어디요?" 그래서 "팽목이요" 그랬더니 "아, 거기 아직도 계세요?" 그래서 "있죠. 빨리 좀 보내주십시오" 그래서 "얼마나 보내드릴까요?" 그러길래 "2000개만 보내주세요" 그러고…. '나는 건재합니다'라고 이제 표면상으로 이렇게 했던 거고, 있다가 또 목걸이 만든 것도 보내주고…. 제주도 같은 경우는 광주 분들도 계시고, 그전에 한번 찬민 아빠랑 해서 아이들 왔던데 한번 가보자 그래서 제주도를 갔어요. 6박 7일 갔었나? 길을 모르니까 어찌할 줄 몰라서 어쩔 수 없어서 [제주도로 이사 간] 민우 아빠네 집으로 갔죠. 거기 숙소하면서 민우 아빠랑 같이 돌고, 거기 시청 앞에 피켓 드는 거 사회 보고, 그러고 왔죠. 아는 분들 있으면 리본도 보내주고 배지 필요한 분들 따로 보내드리기도 하고….

8

팽목항 개발 계획과 기억관 조성 움직임

면담자   진도군청에서 국비를 받아서 지금 그 분향소가 있는 자리 포함, 그리고 서망항까지 무슨 큰 개발 계획이 있었던 거는 혹시 아십니까?

우재 아빠   거기는 이제 박근혜 정부 때 여기 아이들 안전공원, 생명안전공원 짓겠다고 하는 건데, 그 안전공원이 270억인가 그럴 거예요. 예산은 내려와 있어요. 근데 아직까지 땅 주인하고 합의가 덜 된 상황, 들어가야 될 상황이긴 한데 일단 토지 배분이 다 못 된 상황이 잖아요. 전 다 되어 있는 상황인 줄 알았는데 그게 좀 덜 되어 있었던 것 같고, 이번에 도에서, 도랑 얘기할 때 보니까 조만간 끝날 것 같다고 하니까 올해는 공사 들어갈 것 같아요. 그리고 여기는 이제 서망항, 이제 항구, 큰 항구를 만들려고 하는 거죠. 근데 이게 2000년, 2001년? 그때부터 시작을 해갖고 2013년도에 승인을 받은 거예요. 그러니까 어찌 보면 2010년부터 해서 상당히 긴 기간 동안에 진도에서 그거를 딱 받은 거죠. 근데 공사를 하려고 했는데 참사가 딱 터져버려서 이제 멈춘 거죠.

면담자   내용도 바뀌고요.

우재 아빠   업체도 두 개가 들어온 상태에서 멈춘 상태고, 작년부터 이제 "정 안 돼서 공사를 해야겠습니다" 해서 "어디 무슨 공사?" "일단 등대에서 저기까지 매립공사를 해야 된다"고 그래서 "거기는 하시라. 거기는 나하고 상관이 없으니까" [했어요]. 공사업자들은 와서 "먼지도 나고 시끄럽고 할 텐데 양해 좀 부탁합니다" 하면, 그 사람들은 우회적으로 그렇게 얘기를 하니까 "걱정하지 마시고 하십시오" 그러고, 강아지, 개가 있으니까 "개들 놀라지는 않게 해달라"고 했던 거고, 그 사람들하고는 그렇게 싸운 거는 없어요. 단지 이제 군에서 하고자 하는 공사가 너무 큰 공사이고, 내가 볼 때는 주민들도 반대하는 거 같던데. 하고자 하는, 찬성하는 사람도 있는 반면 이쪽에 있는 어민들은 "미친놈"이라고 하죠. 저런 공사, 말도 안 되는 공사 하려고 하니까.

면담자　그거하고는 좀 다른 움직임입니다만, 광주 상주 모임에서 먼저 제안을 했는지 지금 팽목항 기억관에 대한 구상이 나와 있잖아요. 그게 어디서 먼저 논의가 됐고, 어떤 논의가 진행되고 있는지도 좀 말씀해 주시죠.

우재 아빠　그거는 우리 가협하고는 상관이 없이, 가족하고는 상관이 없이 [진행하는 거예요]. 이거를 지금 가족협의회 입장, 맨날 협의회 입장 이렇게 얘기를 하니까 솔직히 광주 분들도 화를 많이 냈죠. "도대체 어쩌자고. 뭐가 진상 규명된 것도 없고 이것도 된 것도 없는데, 자꾸만 지워지려고 하는데, 가족들은 맨날 입장, 입장 얘기만 하고 있으면 뭘 할 건지도 모르겠고. 지금도 자기도 제가 혼자 있으니까 우재 아버지는 아직도 팽목을 어떻게 해보고 싶은데, 왜 가족협의회 입장은 자꾸 입장 얘기만 하는지도 모르겠고. 누군가는 지켜야 되는 상황이고, 거기가 당신네들만의 땅이 아니지 않느냐" 그런 이야기가 나왔죠. 그래서 내가 나중에는, 제안은 처음 얘기는 제가 먼저 했어요, 내가 만들 순 없으니까 "여러분이 만들면 된다"고, 그냥 "팽목항 분향소 있으니까 분향소만 빼버리고 기억관을 하든 추모관을 하든". "근데 나는 추모관은 별로인 것 같고 다른 말로 했으면 좋겠다"고 해갖고 이제 미리 얘기를 해서 운은 띄워놨죠. 그래서 이제 진도에 있는 분들이 간판은 바꾸기로 하고, 광주 분들이 오시면 사진 싹 빼갖고 가면 우리가 저녁에 대충 정리를 해놓고 아침부터 싹 뜯어갖고 하는 걸로. 이제 해놓고 이렇게 되는 거지, 그래서 싹 바꾸기로 됐어요. 근데 간판이 안 바뀌는 거예요, 진도에서. 그래 갖고 나중에는 막, 하여튼 한 달 만에 또 어쨌든 기억관으로 간판도 바꿨죠.

면담자 사실은 그 자리가 아이들이 올라왔던 자리잖아요. (우재 아빠 : 네) 그러니까 그런 우리의 기억을 남겨두는 의미가 있는 공간이라는 것 등을 생각하셨던 거 아니에요? 그 미래상이랄까, 그게 앞으로 어떻게 되기를 아버님은 바라세요?

우재 아빠 해양안전관이라고 하는 박근혜 정부 때 만들어진 데는 이제 국가사업으로 지정이 되는 거라 어떻게 손을 못 쓰는 상태인데, 세월호가 사고가 아니잖아요. 해양안전관은 우리나라에도 되게 많이 있어요. 100여 개가 있는 걸로 알고 있는데도 이건 어차피 교육이잖아요, 교육, 안전교육. 세월호가 안전교육을 안 시켜서 사고 나고 아이들이 죽은 게 아니잖아요. 근데 그런 교육을 시도하는 건 여기하고는 안 맞는 거죠. 팽목과 이쪽 기억하고는 전혀 안 맞는, 다른 의미[예요]. 여기는 세월호 참사가 난 곳이고, 그 당시에 생존자 아이들이 올라오고, 병원에 가고 치료를 받고 부모들이 오고 아이들 여기서 기다리던 장소, 이런 게 순식간에 없어지는 거잖아요, 그냥. 밀어서 싹 없어지면서 그냥 일반 항구로 바뀌어버리면 이거는 말이 안 되죠.

솔직히 제 입장에서는 얘기를 할 때마다 "죄송하다"는 말을 많이 해요, 국민들한테. 또 다시 어리광 부리듯이 "세월호에 대한 뭔가를 남겨서 기억할 수 있게끔 해달라. 또 여러분한테 매일 또 다시 뭔가를 요구를 하고 있고, 뭘 해달라 [하고 있는데]" 근데 "제가 힘이 없어서 지금 그렇게 하고 있다"라고 얘기는 하고 있는데, 그런 얘기를 계속 4년 동안은 팽목이나 광주나 돌아다니면서 똑같은 말을 하고 다니니까, 어떨 때는 막 내가 돈이 없다는 게 화가 나더라고요. 그렇다고 내가 지금 돈을 벌어서 그걸 할 수 있는 상황도 아니고. 근데 이거는 이제는 나만의 사고가 아닌 사건이 된 거잖아요. 세월호 가족이라고 하는 사람들을 떠나서 나라의 사건이다 보니 여기에 대한 거는(한숨) 사건도 어떻게 하면 정확한 사고 원인도 찾을 수 없는 상황이고, 어떻게 됐는지 상황도 없이 지금까지 왔는데, 그런 것도 못 한 상황에서 여기를 싹 민다? 그거는 말도 안 되는 상황이고…. 뭐든 일단 이 당시, 그 당시 있던 거는 이제 둑에다가 최소한 기록관을 놔두고 나서, 한 번씩은 더 보면 똑같은 일은 안 벌어질 거란 생각이 드는 거예요, 자꾸. 자식 잃은 부모 입장에서 보면 무서운 거죠, 이제. 저런 얘기도 많이 해요. 가면 돈, 돈, 돈 하시는데 자꾸 그래, 성질날 때는 "그 돈 내가 드릴 테니까 당신 자식 나 줄 수 있습니까?"라고까지 소리도 질러보기도 하고 막 그러긴 하는데, 말도 안 되는 소리하죠. 저도 또 가면 그런 소리는 하고 싶지 않은데, 자꾸 나이 드신 분들이 그렇게 하시면 그런 말도 가끔 하게 되고…. 어쨌든 이 팽목 자체는 지금은 모든 사람들, 이제 저만의 공간이 아니게 됐어요, 이제 거기는. 우리 가족만의 공간

175

이 아니고 국민들 자체가 거기에 대한, 내 새끼가 거기 있는 것처럼 느낄 수 있는 정도로 그렇게 뛰시는 분들이 계시더라고요.

9
팽목항 기억관 조성을 위한 모임 결성과 활동 시작

면담자 지난번에 기자회견을 했잖습니까? 아버님이 굉장히 중요한 역할을 하셨겠습니다만, 공식 조직이 된 거잖아요. 그 조직 이름이 뭡니까?

우재 아빠 그 조직이 참(웃음), 처음에는 '진도'란 단체가 있어요. 여기에 보면 '진사랑'이라고 해서 진도를 사랑하는 모임도 있고, '청년내일'은 진도 분들이 뭉쳐서…, 단체가 많더라고요, 보니까. 근데 그분들이 만들어서 우리 가족하고도 가끔 만나서 얘기도 하면서 했는데 진행이 안 돼요. 이렇게 앉아서 회의는 계속해, 일어나면 끝인 거예요. 그래서 그게 1년이 지났고, 작년까지도 계속 그런 식으로 가고 있다가 이제 위원장도 바뀌는 상황이 됐어요. 도저히 안 돼갖고 제가 긴급 소집을 했죠. 〈비공개〉 그래서 이제 그때 모인 사람들이 5·18기념관에 계신 분, 그 기록 담당, 그리고 뭐 이런 사무 처리하시는 데 능통하신 분들이 계시더라고요. 그리고 장[헌권] 목사님, 화가 김화순 화백 그리고 연극하시는 추말숙 선생님하고 뭐 하여튼 다양한 작가들이죠, 전부 다. 그림 그리시는 분, 조각하시는 분들 다 모였어요, 이제. "그러면 여기서 일단 목포, 광주, 해남 이렇게 해서 비상대책위를 만듭시다. 국민대책위를 만들고 일단 만들어놓고, 진도 눈치를 여지껏 봐서는 아무것도 못 했으니 우리가 일단 만들어놓고, 고 선생님한테 전화를 해서 합류를 시킵시다" 이렇게 된 거죠.

면담자　　　고 선생님이라면 진도 세월호대책위 위원장님이죠?

우재 아빠　　　근데 이 양반이 고등학교 선생님이세요. 국어 선생님인데, 그리고 또 전남지부 노조, 거기 또 전남지부 전교조. 근데 여기 끼면 안 되는 양반이에요. 벌써 사건, 사건으로 해서 지금 한 세 건인가 네 건이 법 쪽에 걸려 있어서 잘못하면 연금도 못 받을 상황인데, 그렇게 된 사람이라. 원래는 농민회에서 했었는데, 이 농민회 쪽하고 고 선생님하고 생각이 또 틀리다[다르다] 보니까, 자꾸 트러블이 생기다 보니까 농민회가 떨어져 버려요, 나가요. 그래 갖고 위원장을 어쩔 수 없이 고 선생님이 맡게 됐고, 이 양반이 따라줘야 되는데 안 따라주게 되고 하다 보니까, 어쩔 수 없어서 일단 이 국민대책위, 비상대책위원회를 만든 거죠. 만들어놓고 진도 이제 쓱 들어오면, 원래는 이렇게 들어가야 되는 상황이어야 되는데, 이렇게 들어오게끔 된 거죠.

면담자　　　현재는 비상대책위 상태네요? (우재 아빠 : 네, 국민비상대책위죠) 그러니까 팽목항 (우재 아빠 : 팽목항 기억관을 만들기 위한, 조성을 위한) '기억관 조성을 위한 비상대책위'가 이제 정식 명칭이겠네요.

우재 아빠　　　네. 그렇게 만들어놓고 담당하고만 얘기를 하고 있었는데 갑자기 진도에서, 먼저 언론에서 딱 때려버려요, 아주 나쁘게(웃음). 그래서 다시 또 모이죠. 이게 "우리가 웬만하면 언론을, 우리가 먼저 당한 것 같다. 우리는 좋게 얘기하고 가려고 했는데, 우리도 합시다"

그래 갖고 광주에 있는, 목포에 있는 기자들 다 얘기하고 전남 쪽하고 해서 다 해서 일단 처음 이제 군청 가서 [기자회견] 하고, 국회까지 오게 된 거고. 국회는 광주에 더불어민주당에 있던 송 모 의원[송갑석 의원]님께서 "이런 상황인지 몰랐다, 진짜로" 초선이다 보니까 뭐 힘쓸 수 있는 상황이 없으니까. "그럼 내가 국회에서 기자회견을 열 테니 국민비상대책위원회가 와서 '팽목이 이렇다'라고 기자회견을 해라" 하신 거죠. 거기서 또 좋은 경험이 된 거죠, 이제.

면담자　　　그럼 요새 회의를 합니까?

우재 아빠　　　네. 아마 오늘쯤이면 원탁회의 할 거 잡힐 것 같아요. 이번 달이든 다음 달이든 팽목 일정이 준비되면 어쨌든 진도에서는 저희가 원하는 게 기림비, 표지석, 이제 안치석이죠, 기념비. [그리고] 공원, 기억관, 세 개는 일단 받았어요. "해주겠다. 도에서도 안 주면 군비를 들여서도 해주겠다"라는 공문 아닌 공문을 받긴 했는데, 이것만 받으면 내가 떠나기로 했었는데 이제 기억관이 남았잖아요. 이거 갖고 계속 트집을 잡고 있으니까, 법적으로만 얘기를 하니까 "법 모른다" 하고 있고, 내가 알아볼 때는 되는 걸로 알고 있으니까 얘기하고 있고, 근데 도에서는 "검토를 해보겠다"라고 하는데 군만 지금 다르게 가고 있는 거죠.

면담자　　　고맙습니다. 사실은 팽목 얘기를 저희가 참 듣기가 어려운데 오늘 아버님 통해서 여러 가지 들었어요.

우재 아빠　　　팽목은 할 얘기는 지금 10분의 1도 안 했어요. 엄청난 많은 일이 있어요. 엄청난 무서운 일도 있고, 박근혜들 그 태극기부대

온 것도 있고 많죠, 미친 여자들, 미친 또라이들 오고…. 얼마 전에는 1985년도 자기 마빡 돌멩이로 찍혀서 피 흘린 사진 걸어놓고 간 놈도 있어요. 그리고 막 "난 하나님이다" 해가지고 글씨 써갖고 돈, 한국 돈도 아니고 일단 베트남 돈으로 2만 5000동, 우리나라 돈으로 2000원 돈인가요? 2만 5000동하고 중국 돈 1원짜리 3원하고 50원짜리 놓고 해서 3000원 맞춰놓고 갔던데? "나는 하나님이 오셨다 가셨습니다" 담겨 있고. 갑자기 악어 인형이 쫙 깔려요, 바닥에. "이거 누가 갖다 놨지?" 하는 순간에 다음 날 왔더니 갑자기 『성경』 책이 딱 올라와요. '분명히 어젯밤에도 못 봤는데?' 그래서 또 다음 날 아침에 딱 와봤더니 갑자기 리모컨 자동차들이 쫙 깔려요. 그다음에 과자도 올라와 있고 마지막엔 이제 초등학생 입는 수영복 걸어다 놓고(한숨). 이 양반을 잡아야 될 텐데 미치겠어요.

거기다 또 이제 제가 접때 "찬민 아빠랑 제주도 갔다" 그랬잖아요. 제주도 갔다가 그쪽 분이 무슨 나무인데 요만한 걸 받았어요. 딱 보니까 부엉이 얼굴이 나오더라고. 그래서 '저거 가져가면 좋겠다' 해서 달라 해갖고 얻어갖고 왔죠, 나중에 깎아서 뭐 만들려고. 그랬는데 이제 광주에 김진현이라고 나무 하시는 분 있거든요? 작년에 가져가셨죠, 재작년인가? 거의 1년 다 돼갖고 갖다주셨어요. 우재를 거기다가 조각을 해갖고, 삼면으로. 초등학교, 중학교, 고등학교 때 해갖고, 그래서 기억관에 갖다 놓게 됐고.

면담자 태극기부대라고 그러셨어요? 아니면 박사모라 그러셨어요?

우재 아빠 박사모죠, 박사모들.

면담자　　　어떤 사건이 있었습니까?

우재 아빠　　'박근혜보다 자기가 더 예쁨받은 언니' 뭐 이런(웃음). 아주 그냥 책도 이만하게 써갖고 갖고 와서 "봐야 된다"고 보여주기도 하고, 자기는 "여기 팽목에 대해서 나쁘게 보려고 온 건 아닌데, 박근혜에 대해서는 얘기를 해주러 왔다"고 그러면서 처음에는 좋은 식으로 얘기를 하더라고요. 나중에 보면 세월호를 나쁜 식으로 얘기를 계속하는 거죠. 나중에 쫓겨나긴 하는데, 근데 정상적으로 오는 사람들이 아닌 것 같아요. 어디가 좀 나사 빠진 사람들? 절대로 그냥 가진 않아요, 뭔가 해주고 가. 그 사람들 오면 한 번씩 가봐야 돼요. 가면 플래카드 다 찢어놓고 가거나, 뭘 해놓고 가더라고요. 누가 보내서 오나, 참 먼데 여기까지 오려면. 서울서 와도 4시간, 5시간 와야 되는데, 어차피 읍에서 또 버스 타고 들어와도 1시간 넘게 들어와야 되는데도 오는 거 보면 참 대단한 것 같아요.

10
참사 전후 생각의 변화

면담자　　　이제 아버님 개인에 대한 얘기로 돌아오려 하는데, 1차 구술을 제가 쭉 들어보니까 참사 일어나기 전에 회사 일이 너무 바쁜 상황이었음에도 불구하고 사실 아이들한테는 굉장히 다감하셨어요.

우재 아빠　　그렇죠. 다감하고…, 남들 다 그렇게 하지 않나요? 난 다른 분들이 하는 거의 반도 못 한 거 같은데, 애들한테는.

면담자   그래서 이제 참사 이전과 참사 이후를 제가 좀 여쭈려고 하는데요. 우재를 포함해서 아버님한테 가정이랄까, 가족이랄까, 그런 것은 현재 생각으로는 무엇일까, 한번 여쭙고 싶습니다.

우재 아빠   가족이 지금 처음에 이제 서울에 사시는 우리 어머니, 우리 형, 동생 이렇게 있으면, 어머니는 작년까지, 4주기 할 때까지도 오셨어요. 근데 형이나 여동생은 "이제 그만하라"는 식으로 얘기를 하죠. 쉽게 말하면 명절 때 집에 갈 때도 있고, 이제 뭐 하면 휴일 날 또 쉬는 날 이제 보러 가거든요. 아이들 맨날 뭐 핸드폰 하면 막 소리 지르잖아요, 아빠들이나 엄마들이 "핸드폰 그만하라"고 소리 지르고 막. 이런 거는 보통 보편적으로 다들 그렇게 하고 살잖아요. 근데 이제 이번에 얼마 전에 갔는데 작년인가, 작년에 갔죠. 작년 초에 갔을 때 딱 그런 얘기를 하는 거야. "너가 애새끼 있을 때는 막 욕지거리하고, 그만하라고 막 이렇게 하던 놈이 애 죽었다고 지금 뭐 하는 짓이냐?"고 막 그러는 거예요. 갑자기 빵 맞은 거 있잖아요. 오함마[대형 망치]로 맞은 기분 있잖아요. "그럼 나보고 어쩌라는 건데, 도대체? 그 당시에 내가 우재한테 뭐 하지 마라, 욕하지. 형도 하잖아. 근데 그렇게 욕했던 놈의 새끼가 지금 없다고. 근데 어쩌라고" [하고는] 그 뒤로 집을 안 갔어요. 그러니까 이제 1년이 다 된 거죠. 엊그제도 이제 어머니하고 통화를 하면서도 "왜 안 오냐"고 하는데도 "아, 여기 좀 마지막이라서, 이번이 마지막이니까 내년에 가겠습니다" 했는데 올해도 못 갔죠, 그렇게 하면서. 근데 그런 상황이 되다 보니 여기 가족은 이제 내 가족이 아니라는 생각이 드는 거예요.

그렇다고 여기 집에 와서 ○○이만 있는 상황이다 보니까, ○○이도 이제 다 컸고, 중학생이다 보니 사고는 계속 치고 있고, 아빠하고 엄마하고 어쨌든 갈라져 있는 건 알지만 엄마하고는 트러블이 있는 상태이고, 아빠는 어쨌든 떨어져 있으면서 가끔 와서 자기편이 돼준 건 있지만 같이 있는 시간적 여유는 별로 없는 거예요. 물론 이제 그 뒤로 세월이 흘러서 지금 이제 대학교를 가지만 그 와중에도 나하고 지냈던 시간이 하루에 1시간 이상이 된 적이 별로 없던 거야. 밥 먹고 잠깐 만나서 자기 또 친구 만나야 되고, 일정이 나보다 더 빡빡한 애 어떻게 데리고 있을 수 있는 상황이 아니니까 용돈만 받고 주고 가는 상황이고.

실질적인 가족이, 그 가족이 내 가족이 됐어요, 이제 어느 날. 이들이 내 가족이 되다 보니까 팽목에 있다 보면 유가족들도 다 떠나고 없는 상황이다 보니 진도에 있는 청년들, 그리고 친구들 계속 보게 되고, 이들이 이제 가족이 된 거죠. 그리고 광주시민연대 같은 경우는 거의 뭐 자주 보게 되고 행사도 있고 하니까, 광주로 많이 가다 보니 그분들이, 시민 단체들이 내 가족이 된 거예요. 가족의 의미는 지금은 시민 단체가 내 가족 같아요. 그렇게 됐어, 지금. 입장이 이래요. 솔직히 어머니는 보고 싶은데 형이나 아니면 동생들 보기는 좀 꺼려져. 도리어 주변에 있는, 그전에 다니던 회사 동생들 걔네들이 훨씬 나은 거죠, 편하고.

면담자　　　정치적인 면과 관련해 여쭈면, 문재인이 대통령이 됐을 때는 어떠셨어요?

우재 아빠　　　저는 절대 반대했었는데요, 저 사람 되면 아무것도 안 될 것 같은 느낌이었으니까.

면담자   무엇이요?

우재 아빠   하는 행동이 그렇지, 하는 행동이. 이게 뭘 하나 하면 딱 한다는 그런 게 없고 흐지부지하는 식이었잖아요. '나는 일단 던져놓고 눈치 보는 사람' 같이 그렇게 보였어요. 진도 와서도 뭔가 얘기를 하면 "아, 예 그래야죠, 그래야죠" [하더라고요]. 내가 당신한테 말했을 때 그거를 '그렇게 해야죠'라고 듣고 싶은 게 아니라 내가 '여기를 좀 어떻게 좀 해주십시오'를 하면 거기에 대한 대책의 무슨 말을 듣고 싶은 거지, '그렇게 해야죠'라고 그 말을 듣고 싶은 게 아니에요, 내가 할 소리는. 근데 그런 건 그렇게 얘기를 하니까 믿음이 안 갔죠, 솔직히.

이낙연이 이번에 올 때는, 이낙연 총리 같은 경우는 여기에 대한 얘기를 했어요, 제가. "여기에 아이들이 올라온 자리고 여기다 이제 표지석이나 기억비 놓고, 공간, 아이들을 위한 약간의 뭐, 지금도 문화제를 하고 있으니 여기에다 조그마한 공간을 만들었으면, 기억공원도 좀 해줬으면 좋겠다"라고 했더니, 이 양반은 그냥 딱 '해봐야죠'라는 게 아니고 일단은 뒤로 한 발짝 딱 물러서시면서 하는 말은 "여기 생각, 일단은 그런 거는 이쪽 군민들 의견도 들어봐야 되고, 그리고 이제 정치적으로나 군, 여기저기 지자체도 얘기를 들어봐야 되는 상황이다 보니 내가 무슨 말을 할 수 없는 상황이다", 이 양반은 이렇게 아주 대놓고 이런 식으로 얘기했다, 그러면 내가 좀 믿음이 갔겠죠. 이낙연 총리는 와서 그런 식으로 얘기는 하면서도 예산은 다 "뭐 할 거에 대해서 1억 정도는 내려준다" 하셨으니까, 내려왔더라고요, 그건. 그 양반은 와서 얘기한 거는 "정확하게 해줄 순 없지만 일단은 군하고 진도군에 있는 군민들하고 얘기를 해봐야 되는 상황이다 보니까 알아보고 나서 결정을 해야 되지 제가 여기서 막 답을 줄 순 없는 상황이니까" [하는 거였어요].

하지만 문재인 대통령 같은 경우는 그 대통령 되기 전 왔다 가면서 공약이잖아, 어찌 보면, 말하기는. 근데 지금 아무 말도 없죠. 그리고 청와대 들어가서 만날 때도, 진짜 그때 얘기하려고 했었는데, 갑자기 막 악수하다가 이제 악수 차례 돼서 하려고 몇 명 딱 남았는데 갑자기 돌아서 옆으로 가버렸나 이래서 얘기를 못 해버렸죠. 나중에 쫓아가서 얘기하려고 했더니 "안 된다"고 그래서, 시간이 빡빡한 거라 정해져 있는 시간이 오버돼서 또 안 된다고 하니까, 나로 인해서 불미스럽고 그럴까 봐 또 안 했죠. 하여튼 대통령은 지금도 맘에 안 들어요.

면담자   지금 기억관과 관련된 일이나, 또는 진상 규명과 관련된 일이나 대통령에 의해서 풀리는 건 물론 아니고 결국은 정치적 의사결정에 영향을 받는데, 촛불시위에 의해서 새 정부까지 만들어졌음에도 불구하고 마음에 안 들면 이 일은 누가 어떻게 풀어야 할까요?

우재 아빠   이게 지금 보면 대통령이라는 거는 껍데기에 불과하고 나머지는 다 정치인들이 하는, 나라가 그렇게 가고 있더라고요. 제가 볼 때는 그래요. 우리 여기 단원구 선부동 자유한국당 저기 누구야, 우리랑 옛날에 [같이] 있던 인간 김명헌인가, 명연[안산시단원구갑 국회의원 김명연]인가? 저 새끼는 진짜 개새끼예요. 저거 저랑 팽목에서 몇 개월을 같이 살던 개새끼예요, 저거. 앞에 있을 때는 공 던지기도 하면서 놀던 놈이, 아니 어떻게 안산 오자마자 얼굴 저렇게 확 바뀔 수 있는지 난 이해가 안 가는 거죠. 초선이었다가, 자기 초선이니까 자기

"아무것도 할 수 없는데 죄송합니다" 하면서 같이 지냈던 사람이에요, 같이 밥 먹고. 근데 여기 딱 와서 사람이 확 바뀌어버렸어. 내가 볼 때 는 일단 (한숨 쉬며) 대통령 아니라 당들이 없어져야, 대통령 이하의 정치인들이 다 바뀌어야 될 것 같아요. 돈 안 받고 일하는 정치인이 돼야지 제대로 돌아갈 것 같은 생각?

면담자   아버님께선 이미 시민참여 활동을 하고 계시고 그동안 세월호 문제를 풀어오는 과정에서도 많은 시민참여를 경험하셨는데, 그런 것에 대한 어떤 실천 활동의 전망 같은 건 혹시 갖고 계십니까?

우재 아빠   시민운동이라는 거는 못 할 것 같고요, 그냥 봉사하면 서 사는 거는 생각은 해보고 있어요. 시민 단체에서 이렇게 노조나 이 렇게 보다 보면 제가 모르던 세상이 보이는 거예요. 전혀 모르던 세상 이 보이면서 좋은 것도 있고 나쁜 거는 더 많이 보는 것 같아요. 저 사 람들이 과연 여기에 이렇게 하는 것이 과연 옳은 건지, 왜 저기에만 그렇게 목매어 사는지 이렇게 보면 좋은 것도 있고 나쁜 것도 있는데, 거기에 물들어 있으면 안 될 것 같다는 생각이 들어서, 그냥 저는 봉 사 쪽? 해서 지금도 가끔씩은 해요. 광주 같은 데 있으면 그 고등학생 들 보통 사고 치고 교도소 갔다 온 애들 있거든요. 가면 뭐 거기서 "밥 한 끼 해주십시다" 그러면 가서 밥도 한번 해주고···. 이번에는, 작년 에는 부모님들 데리고 캄보디아도 갔다 왔거든요. 그때 이제 고아도 있고 한부모 아이들도 있고, 한국에 있는 어린애들이죠. '너희들보다 못사는 나라에 가서 거기서 공부하는 학생들을 보면 공부 좀 잘할 수 있지 않을까? 그리고 거기 가서 그 아이들과 한번 지내도 보고' 해서 저 혼자 가려고 했었는데 같이 가면 괜찮을 것 같아서 이제 부모님들 데리고 갔죠. 갔다 왔더니 좋았긴 좋았는지 "또 가자"고 얘기는 하시는데 시간이 안 잡히네요. 그런 거, 어디 가서 봉사, 어차피 저는 도움만 받았으니까 봉사활동 하는 걸 좀 바라보고 있어요. 그리고 지역단체 오면 좀 손 많이 가야 할 데도 많이 있더라고요. 조그만, 제가 요즘에, 이제 재작년에 막 장애인 교육하는 것도 교육받고 자격증도 따고이랬으니까 그런 것도 하고 싶고, 여러 가지 많이 하고 싶은데 팽목이해결이 안 돼갖고….

11
활동을 유지해 주는 힘

면담자　　　힘든 5년이셨어요. 아이를 잃고 힘들었고, 그 이후의과정이 세월호 참사 문제를 해결하는 데 성공적이지도 않고, 그렇다고 해서 아버님 몸이 편하지도 않았고, 정말 어려운 과정이었거든요.근데 아버님은 심지어 아무도 거들떠보지 않는 팽목에 가서, 거기서이제 하나의 의미를 지켜내고 계신데, 그렇게 어려우면서도 현재 아버님을 유지해 주고 있는 힘? 그건 뭡니까? 어디서 오는 거예요?

우재 아빠　　　약속이죠. 제가 살아오면서 약속은 꼭 지켜야 된다고생각하고 살거든요. 웬만하면 지킬 수 없는 약속은 잘 안 하는데, 내가 일단 "뭐 해줄게"라고 하면 딱 그 날짜에 못 할지라도 무조건 해야되는, 못 하면 이제 잠이 안 올 정도로…. 그러니까 말하면 정 돈이 없어서 외상을 할지언정 거의 돈 안 내고 외상 안 하는 방법, 정 외상 하면 미리 전화해서 "외상 좀 주십시오" 전화로 그러는 스타일이에요. 그래서 가서 먹고, 외상 하고 와서 먹고. 그런데 팽목에 있을 당시에 아이들하고 한 약속이 생각나. 우재랑도 약속한 게 '너희들이 여기 왔던 자리에 너희들을 함께 모을 수 있는 곳', 이제 물론 안산에다 너희들의 뼈가 묻혀서 같이 모일 수 있는 곳이긴 하지만, 지금 분리돼서 다른 데 다 가 있던 애들이고 그런데, 대신에 '인천에서 같은 배를 타고 갔고 어차피 살아서 돌아오는 아이들도 어쨌든 이쪽 선창으로 돌아왔고, 너희들도 선창으로 돌아왔기 때문에 여기에서 같이 있을 수 있는 공간' 그런 걸 원한 거죠. 그 공간이 진짜 만들어지면 좋겠는데 근데 지금 그게 어려워서, 어쨌든 그때까지는 계속 있어야 될 것 같아요. 약속을 받아도 2년 이상이 앞으로 더 남았잖아요, 그때까지는 있으려고요. 그래서 다 지어놓으면 이제 그때 오려고.

면담자　　　우재 동생이 대학 간 얘기를 하실 때 제가 표정을 보니까, 아버님 표현하시는 스타일이 있으셔서 드러나지는 않는데 너무너무 좋아하시는 게 느껴졌어요. 근데 그런 아빠가 어쨌든 딸내미 두고 혼자서 숙소도 변변찮은 진도 팽목항에 가 계시는 이유가 무엇이세요? 딸이 보고 싶기도 할 텐데요.

우재 아빠　　　우리 딸하고는 얘기를 했죠.

면담자　　　그래서 그게 마지막으로 사실은 궁금해요. 진도에, 팽목항에, 혼자 내려가 있는 우재 아빠의 마음.

우재 아빠　　　일단 안산 자체가 껄끄럽고 여기 오면 답답하고.

면담자　　　왜요? 누가 껄끄럽고 답답하게 해요?

우재 아빠 그냥 그래요. 막 뭐가 누르는 것 같고 답답하고 숨 쉬기도 힘든 상태. 그렇다고 뭐 딸을 엄마랑 또 불러서 따로 어떻게 할 수 있는 상황도 아니고 잠깐 만나서 얘기하는 상황이지만. 그 당시에는 또 막 사고 치기 바쁘던 딸내미다 보니까 진도에 있다가 사고 치면 다시 내려와서[안산으로 올라와서] 경찰관 만나고 찾으러 다니고 그런 생활을 계속했죠. 막 딸내미한테도 막 욕 아닌 욕도 많이 했죠. 〈비공개〉

어느 날 딱 보는데 담배도 피는 거예요. 몸뚱이에 배가 좀 이상해서 내가 "이리 와봐" 그래서 배를 딱 만졌더니 담배가 있는 거야. "너 중학생이 담배를 피우냐, 가시내가?" 그랬더니 아무 말도 안 해요. 말도 않고 고개만 푹 숙이고 있어요. 뭘 할 수도 없고 집에는 데려왔는데 "일단 자고" 담배는 도로 줬어요. 그러니까 얘가 놀래갖고 쳐다보더라고. 이걸 왜 주내. "그럼 내가, 아빠가 담배 그거 뺏는다고 너 담배 안 피울 거냐? 너 나가서 살 거잖아. 또 라이터도 살 거잖아. 어? 줘야지 어떡하냐? 니가 끊어" 그랬더니 웃더라고. 그 웃는 의미가 뭔진 모르겠어. 애 보내고 용돈도 줬죠, 지 친구들 부르고 놀았길래 밥 먹으라고. 근데 그때부터 좀 좋아졌어요, 딸내미하고. 그 전에는 뭔 말을 하면 툭툭 쏘고, "뭐래니" 막 이러면서 싸가지 없이 막 말을 하니까 "넌 아빠한테 그런 식으로 말을 하냐? 엄마한테도 그러지, 너? 그러니까 싸우는 거 아니야. 엄마한테 존댓말도 쓰고" 그러면 "알았어, 알았다고!" 하면서 끊어버리고 막 이런 식. 그래서 말투도 좀 고치고 엄마랑도 좀 잘해보라고 그러면서 이제 진도랑 팽목을 왔다 갔다를 많이 했죠.

근데 나중에는 딸한테도 미안하다 했죠, 제가. "아빠가 지금 미안

하다, 너한테는 진짜로. 너한테 챙겨주지도 못하고, 아빠가 너한테 유일하게 챙겨줄 수 있는 거는 돈밖에 없다. 용돈밖에 줄 수 없는 상황이고, 너 엄마랑 있으니까 엄마랑 잘 지내야 되는데, 엄마랑 트러블 생기고 하니까 엄마랑 웬만하면 싸우지 말고 좀 지내라". 엄마랑 살기 싫다는 거지, 계속 그런 말을 하고…. 그렇다고 "아빠랑 살래? 여기 진도 올래?" 그랬더니 여기는 생각나지 이제, "거긴 사람이 살 데가 아닌데 어떻게 가냐"고, 자기가 살 데가 아니라는 거지. 거긴 TV도 없고 컴퓨터도 없는 상태에서 "거기 와이파이 터져?" 막 물어보면 "와이파이가 뭐냐?" 그러면 "안 가" 이런 식이니까. 그래서 나중에는 거의 딸한테는 몇 번 "미안하다, 미안하다" 얘기했더니 나중에는 딸이 문자가 왔어요. "아빠를 이해하니까 내 걱정하지 말고 거기 계속 있으시라"고, "하는 거 다 잘하시라"고 나중에 고맙더라고요, 그게.

그러고 나서 "공부도 좀 해라" 그랬더니 "네, 알겠습니다" 하더니 그때부터 공부를 하고, 시작을 했던 거고…. 공부 잘하면 문자가 와요. "오늘 몇 등 했고 점수 몇 점이고 몇 개 틀렸고" 그러면 "잘했다" 그러면서 "계좌 보내봐라, 아빠가 용돈 줄게" 이러면 또…. 이게 또 아무것도 아닌 것 같은데도 그런 게 있더라고. 처음엔 저도 말투가 전화상으로 욕을 해대면서 막 뭐라 했어요. 그러다가 옆에서 사람들이 "잘했어" 이래 놓고 옆에 있던 좀 연륜층 있던 분들이 "빨리 문자 보내야지" 그러면 "뭘 보내요?" 그러면 "그렇게 해놓고 문자 보내며 딸 다 풀어줘야 돼" 그러더라고. 그래서 문자 보내서 "미안하다. 아빠가 화나 갖고 안 해야 될 말도 했고, 미안하고. 다음부턴 안 그럴게. 사랑해" 막 이러면, 예전엔 그런 말 써본 적이 없었는데 그런 말 쓰다 보니까 애하고 좀……. 그러면서 이제 진도에 있으면서도 편해졌어요. 안산에 대한 걱정을 안 하게 됐지. 지가 문제가 있으면, 약간 문제가 있으면 전화해서 물어도 보고 자기도 걱정거리 얘기하게 되고, 예전에는 그런 게 없었는데 이제 그런 게 풀려서 얻은 거지.

12
우재의 의미와 앞으로의 고민

면담자   아버님께서 우재를 어떻게 만나시는지, 그리고 앞으로 우재랑 어떻게 함께하고 싶으신지, 그런 얘기를 마지막으로 듣고 싶은데요.

우재 아빠   우재 만나는 거요? (침묵하다가) 글쎄요…. 예전에 꿈을 한 번 꾸긴 했는데, 서 있기는 하는데 날 알아보질 못하고 그냥 앞에 서 있더라고, 그냥 계속. 두 번째 꿈 꿨을 때는 걸어가고 있는데 쫓아갔는데도 뒤 한 번 안 돌아보고 막 그냥 가고…. 그 뒤로는 내가 꿈은 잘 안 꾸는데요, 하여튼 그러더라고요. '왜 남들은 꿈에 잘 나오는데 왜 나는 꿈에 안 나올까?' 이런 생각. 그리고 세월호 사고 나기 전, 회사에서 내가 자면서 한 달 내내 죽는 꿈을 꿨어요, 떨어지는 꿈, 비행기 타다가 사고 나는 꿈. 뭐 애들한테도 "내가 죽는 꿈 많이 꾼다" 그랬더니 "복권 사라"고 막 그랬는데, 가만히 생각해 보니까 배 사고만 없었어, 그 많은 사고에서. 한 달 내내 막 죽는 꿈꾸다가 새벽 4시에도 눈 뜨고 그랬었는데. 아, 그래서 꿈은 웬만하면 안 꾸고 싶은데도 요즘에는 많이 꾸긴 하죠. 꾸긴 하는데 기억은 안 나, 그래 가지고 개꿈이라고 하긴 하는데. '우재를 꿈에서 또 만났으면 좋겠다'라고는 생각은 해요. 근데 대화도 좀 했으면 좋겠는데 아직까지는 그런 건 없고…. 서호추모공원도 잘 안 가게 되는 거죠. 어찌 보면 진도에서 왔다 갔다 하면서 들를 수도 있는데 유리관 안에 그냥 항아리에서 이렇게 있는 자체는 보기도 싫고. 선산에 좀 데려가서 거기다 묻을 수 있으면, 몰래 묻으면 되니까, 그러고 싶은데도 그것도 안 될 것 같고…. 글쎄요, 좀 갑갑하네요, 어찌 만나야 될지.

면담자   힘든 일이긴 합니다만, 이제 우재가 없긴 하지만 옆에 있는 듯한 느낌으로 살아가시지 않을까, 제가 너무 쉽게 얘기하는 건지 모르겠습니다만.

우재 아빠   근데 아직까지는 아이 사망신고를 안 해서 그것도 이제 고민을 좀 해보면서 했는데, 이제 딸아이가 있으니까 내가 등본을 떼면 거기 또 우재가 남아 있잖아요. 그 흔적을 없애줘야 될 건지 어차피 뭐, 뭐 떼면 거기에는 어차피 있긴 하겠죠. 근데 아직은 이제 대학 들어가고 했는데, 등본 떼고 뭐 하는데 우재가 같이 끼어 있으니까 그게 좀 걸리죠. 원래는 진상 규명되기 전까지는 사망신고를 안 하려고 했는데 그런 것도 이제 고민을 할 때가 된 것 같아요, 그것도. 근데 그거 하면 진짜 보내야 되는 상황? 그런 기분이 들 것 같아서 그건 이제 좀 더 고민을 해봐야 될 일이고….

면담자   저희가 3차에 걸쳐서 상당히 긴 구술을 했습니다. 마지막으로 한번 생각해 보니까 그래도 이 얘기는 해야겠다는 게 있으면 뭐라도 말씀해 주시면 좋을 것 같습니다.

우재 아빠   할 얘기요? 뭐 처음에는 얼떨결에 막 얘기하고 하다 보니까 집에 가서 생각을 해보면 '잘했나, 못했나?' [싶어요]. 〈비공개〉 어쨌든 살아온 건 잘 살아왔던 것 같아요. 그래도 주변에 사람들이나 뭐 우재가 장례를 치렀지만 지방 공장에 있는 사람들 전체가 다 왔으니까. 그런 것도 보면 인생은 잘 산 것 같은데, 뭘 잘못해서 자식을 잃었는지는 아직은 모르겠어요. 뭐가 잘못해서 그런 건지, 점 같은 거 봐도 우재는 "명 길다" 그랬는데, 어쨌든 그건 잘 모르겠네요. 뭐 나중에 또 뭔 얘기를 하면 또 뭔 말은 하겠지만, 지금은 이제 기억도 점점 잊어가고 있으니까…. 오늘 얘기하다 보니까 새로운, 지났던 것들이 기억나고 하니까 적어놔야 될 것 같아요, 이제. 그 당시에 좀 그런 얘기도 했었거든요, 부모들 간에. "좀 지나면 잊어먹으니까 좀 적어놓자" 이랬는데, 그렇게 해놓고도 아무도 적은 사람들이 없네요. 녹음이라도 해놨으면 참 좋았을 건데.

면담자   네, 아버님 고맙습니다. 아마 아버님 말씀이 많은 사람들에게 잘 알려지지 않은 이야기를 전할 뿐만 아니라, 아버님식의 사랑? 그런 메시지도 아주 많이 전하지 않을까 싶어요. 감사드립니다. 이것으로 마치겠습니다. 감사합니다.

우재 아빠   네, 고맙습니다.

4·16구술증언록 단원고 2학년 8반 제4권

그날을 말하다 우재 아빠 고영환

ⓒ 4·16기억저장소, 2020

기획 편집 4·16기억저장소 | **지원 협조** (사)4·16세월호참사가족협의회
펴낸이 김종수 | **펴낸곳** 한울엠플러스(주)
초판 1쇄 인쇄 2020년 4월 1일 | **초판 1쇄 발행** 2020년 4월 16일
주소 10881 경기도 파주시 광인사길 153 한울시소빌딩 3층
전화 031-955-0655 | **팩스** 031-955-0656 | **홈페이지** www.hanulmplus.kr
등록번호 제406-2015-000143호

Printed in Korea.
ISBN 978-89-460-6774-5 04300
       978-89-460-6801-8 (세트)
* 책값은 겉표지에 표시되어 있습니다.